Justina Engelmann

Unterwegs zum Sternegucken

Erforsche den Himmel!

KOSMOS

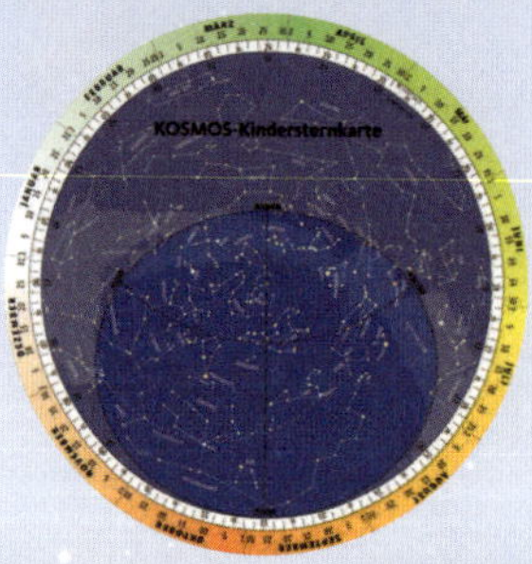

Vorwort

Wenn die Sonne untergeht und der Himmel von Hellblau langsam in Dunkelblau übergeht, sieht man auch bald die ersten Sterne funkeln. Sicher hast du schon öfter in einen klaren Nachthimmel geblickt und dir gewünscht, ein paar dieser Sterne oder Sternbilder zu kennen.

Auch vor einigen Tausend Jahren sah der Himmel nicht viel anders aus als heute. Schon unsere Vorfahren wollten Ordnung in das Sternengewimmel bringen und fassten Sterne zu Sternbildern zusammen. So sahen sie Tiere, Gegenstände, aber auch Götter und Helden am Sternenhimmel.

Das erste Kapitel enthält wichtige Informationen zu einer erfolgreichen Sternenbeobachtung. In den folgenden beiden Kapiteln lernst du die hellsten Sternbilder nach Jahreszeiten geordnet kennen. Das vierte Kapitel behandelt die Tierkreissternbilder wie Krebs oder Löwe, die du vielleicht eher als Sternzeichen kennst. Die Darstellung der jeweiligen Sternbildfigur zeigt dir auch ihre wichtigsten Sterne und Himmelsobjekte. Sonne, Mond und Planeten werden dir im fünften Kapitel vorgestellt.

Und im letzten Kapitel erfährst du jede Menge Wissenswertes über die Sterne und das Weltall.

Zu jedem Objekt findest du einen Steckbrief. So hast du immer die wichtigsten Merkmale auf einen Blick.

Farbige Kästen und Beobachtungstipps geben Anregungen und zusätzliche Informationen. Ein Fernglassymbol zeigt an, wo mithilfe eines Fernglases noch mehr zu sehen ist als mit bloßem Auge. Im Abschnitt „Gesehen und notiert“ kannst du eintragen, was du alles beobachtet hast. Und weil es am Sternenhimmel unendlich viel zu entdecken gibt, ist am Ende jedes Kapitels Platz für weitere Überlegungen und Notizen. Mithilfe der Sternkarte hinten im Buch findest du sicher die bekanntesten Sternbilder am Himmel. Dein Lieblingssternbild kannst du dann mit den Leuchtstickern darstellen.

Und nun viel Spaß bei deiner Entdeckungsreise in die Wunderwelt der Sterne!

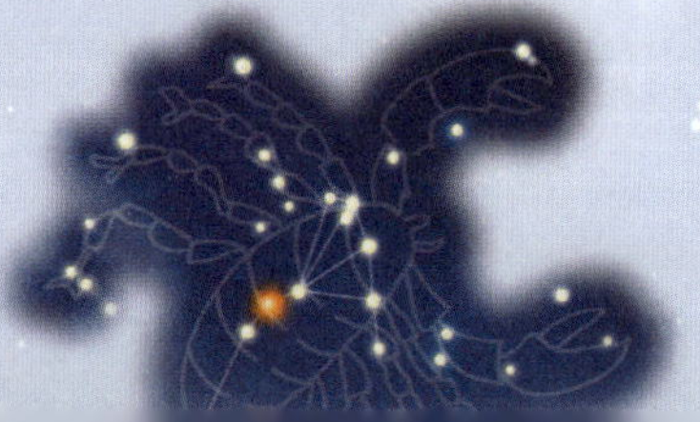

Inhalt

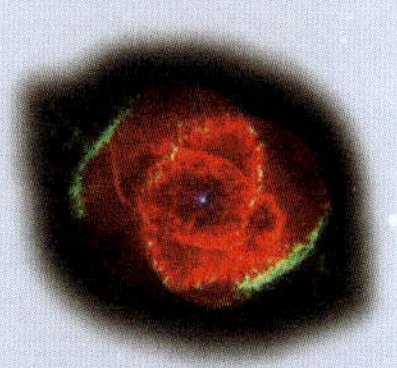

Sterne beobachten

Warum ist es eigentlich so knifflig, die Sternbilder zu erkennen? Die Antwort lautet: Weil sich der Himmelsanblick ständig ändert. Immer wieder sind andere Sterne und Sternbilder zu sehen. Das passiert sogar schon im Laufe einer Nacht. Du kannst es leicht beobachten, wenn du dir die Position eines hellen Sterns im Vergleich zu einem Baum oder Haus merkst und den Stern eine Stunde später noch einmal suchst. Er ist dann ein Stück weitergewandert! Der Grund dafür ist, dass sich unsere Erde dreht.

Hinzu kommt, dass die Erde innerhalb eines Jahres um die Sonne wandert. So ändert sich die Richtung, in die wir abends ins Weltall blicken, jeden Tag ein bisschen. Im Winter sehen wir daher ganz andere Sternbilder als im Sommer.

Wie du die Sternkarte und das Buch benutzt

Mit der drehbaren Sternkarte hinten im Buch kannst du dir einen Überblick über den Sternenhimmel verschaffen. Je größer ein Sternpunkt auf der Karte gezeichnet ist, desto heller leuchtet er am Himmel. Die Sterne sind mit Linien zu Sternbildern verbunden. Auf der Sternkarte sind außerdem die hellsten Himmelsobjekte verzeichnet, die du an einem sehr dunklen Ort schon mit bloßem Auge wahrnehmen kannst, wie zum Beispiel den Orionnebel M 42. Das hellblaue, unregelmäßige Band, das quer über die Karte verläuft, ist die Milchstraße. Die gestrichelte Linie zeigt dir die Bahn der Sonne (Sonnenbahn) und der Planeten.

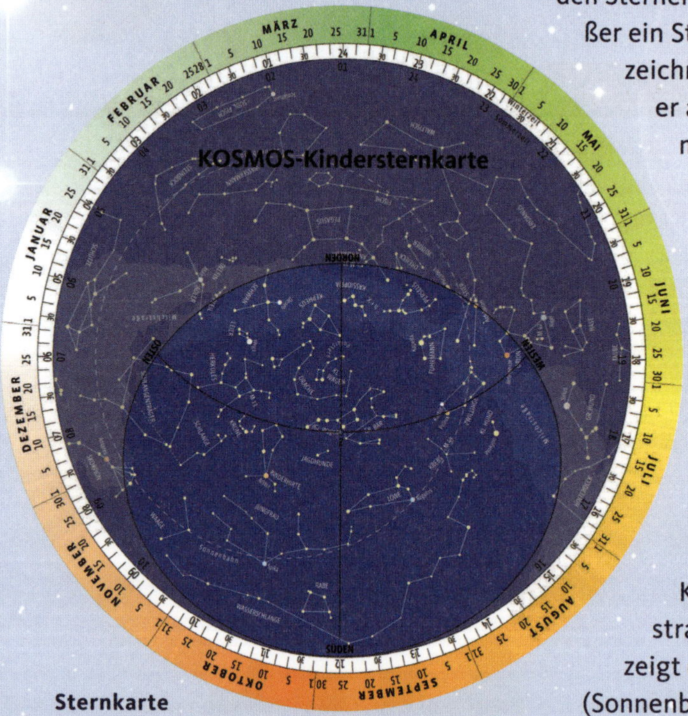

Sternkarte

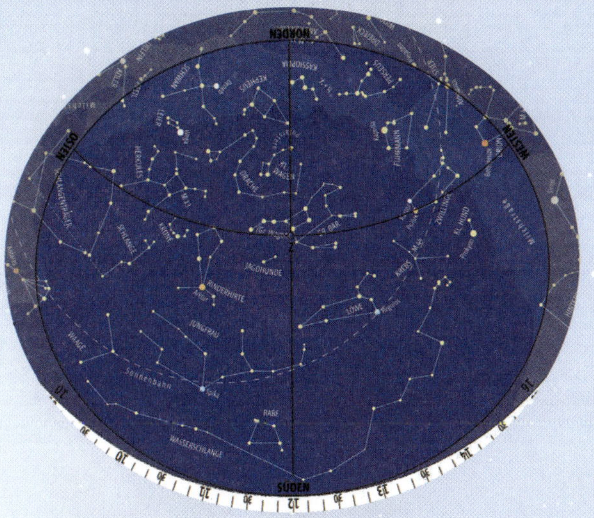

Der durchsichtige Teil der Karte zeigt den Teil des Himmels, auf den du gerade blickst.

Um herauszufinden, welche Sterne und Sternbilder du am Himmel sehen kannst, musst du das Datum und die Uhrzeit auf der Karte einstellen. Wie das geht, ist auf der Rückseite der Karte beschrieben.

Fertig? Dann erkennst du im durchsichtigen Bereich der Karte den Teil des Sternenhimmels, der zu diesem Zeitpunkt sichtbar ist.

Auf der Sternkarte findest du mehr Sternbilder als im Buch. Am besten beginnst du aber deine Sternenjagd mit denen, die im Buch beschrieben sind. In ihrem Steckbrief steht, wann du sie gut beobachten kannst. In den Monaten April bis Oktober ist dabei die Sommerzeit angegeben. Du erfährst auch, ob ein Sternbild einfach oder schwierig zu erkennen ist, wie groß es am Himmel erscheint und ob es zur angegebenen Zeit hoch oder tief am Himmel steht.

Eine einfache Zeichnung mit Verbindungslinien zwischen den hellsten Sternen zeigt dir seine Form. Die Linien gibt es nicht wirklich, sie helfen aber beim Erkennen des Sternbilds. Besonders helle Sterne erkennst du daran, dass sie dicker gezeichnet sind. Die hellsten Sterne sind sogar farbig. Ihre Färbungen kannst du schon mit bloßem Auge am Himmel erkennen.

Im Tierkreissternbild Zwillinge gibt es zwei auffällig helle Sterne.

Mond und Planeten sind auf der Sternkarte nicht verzeichnet. Sie bewegen sich vor den Sternen und sind daher immer an einer anderen Stelle zu finden. Zu manchen Zeiten sind sie auch gar nicht sichtbar, sondern stehen in der Nähe der Sonne am Taghimmel. Wann du den Mond und die Planeten beobachten kannst, musst du in einem astronomischen Jahrbuch nachschlagen. Mit bloßem Auge erscheinen die Planeten als Punkte – ähnlich wie die Sterne. Manche leuchten aber besonders hell. Die Fotos in den Steckbriefen zeigen die Planeten, wie sie durch ein Fernrohr aussehen.

Zusammen Sterne zu beobachten macht nicht nur mehr Spaß, man entdeckt auch mehr.

Vor der ersten Beobachtung

Bevor du deinen ersten Ausflug zu den Sternen startest, musst du dir überlegen, wo du beobachten möchtest. Wenn ihr einen Balkon oder Garten mit gutem Blick auf den Himmel habt, gehst du am besten dort hin. Allerdings solltest du nicht in der Nähe einer Straßenlaterne stehen, sonst siehst du von den Sternen wenig. Auch helle Leuchtreklamen können sehr stören.

Vielleicht machst du aber auch mit deinen Eltern zusammen einen Ausflug an einen richtig dunklen Ort, zum Beispiel an einen Feld- oder Wiesenrand außerhalb der Ortschaft. Ihr solltet von dort einen weitgehend freien Blick ohne Häuser oder Bäume auf den Himmel haben, möglichst bis herunter zum Horizont. Den Platz solltet ihr tagsüber auswählen, damit ihr nicht erst im Dunkeln euren Weg suchen müsst. Gehe auf keinen Fall alleine los!

Am besten schaust du nach Süden. Denn mit den Sternen ist es wie mit der Sonne: Sie gehen im Osten auf, stehen im Süden am höchsten und gehen im Westen wieder unter. Nur wenige Sternbilder stehen immer im Norden. Die Abbildungen und Steckbriefe in diesem Buch gelten daher immer für die Blickrichtung Süden, sofern nichts anderes gesagt wird. Wo Süden ist, bestimmst du am besten mit einem Kompass.

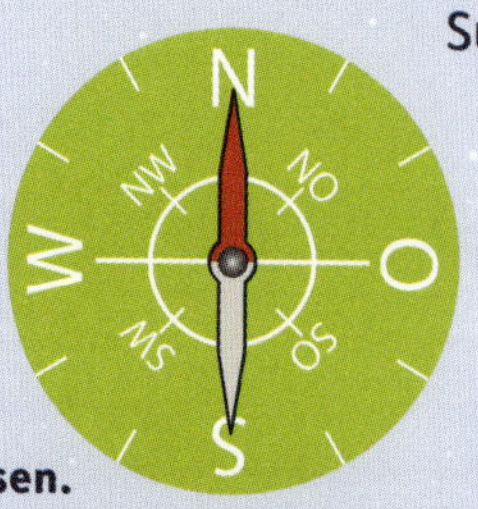

Zeigt die Kompassnadel auf „N“, kannst du alle Himmelsrichtungen ablesen.

Halte dazu den Kompass in der Hand, bis die Nadel ruhig steht. Dann drehst du ihn so, dass die rote Nadelspitze auf das „N“ für

Auch wenn man viele Sterne und Sternbilder mit bloßem Auge erkennen kann, mit dem Fernglas gibt es immer noch mehr zu entdecken.

Norden zeigt. Jetzt kannst alle Himmelsrichtungen vom Kompass ablesen und siehst auch, wo Süden liegt.

Als Ausrüstung brauchst du außerdem eine Taschenlampe, einen Stift, das Buch mit der Sternkarte und ein Fernglas. Für die Himmelsbeobachtung ist eine große Öffnung des Objektivs wichtiger als die Vergrößerung! Je größer die Öffnung, umso mehr Licht kann das Fernglas einfangen. Sehr kleine Ferngläser sind für Himmelsbeobachtungen eher ungeeignet. Übe das Anpeilen von Objekten mit dem Fernglas schon einmal tagsüber und später an hellen Sternen. Und denke immer daran, nie mit dem Fernglas in die Sonne blicken!

Deiner Taschenlampe ziehst du zur Beobachtung am besten einen roten Luftballon über, den du mit einem Gummiband befestigst. Dann leuchtet sie rot und blendet dich nachts nicht. Damit du es etwas gemütlicher hast, kannst du auch einen Liegestuhl und eine Decke einpacken. Eine Thermoskanne mit warmem Tee und eine Kleinigkeit zu essen lassen dich länger durchhalten. Jetzt musst du dich nur noch warm anziehen. Dann kann es losgehen!

Bestimme am Tag, in welcher Richtung Süden liegt. Merke dir einen bestimmten Punkt in der Umgebung. Nachts sieht plötzlich alles ganz anders aus und man kann sich schwerer orientieren.

Gut ist ein roter Luftballon, andere Farben blenden das Auge zu stark.

Und nun: Ab nach draußen!

Zum Sternegucken brauchst du einen klaren, wolkenlosen Abend. Damit das Mondlicht nicht stört, solltest du einen Tag um Neumond herum wählen. Im Winter kannst du die Sterne schon gegen 18 Uhr sehen. Im Sommer hingegen wird es erst sehr spät dunkel.

Wenn du abends an deinem Beobachtungsort angelangt bist, lasse deinen Augen erst eine Viertelstunde Zeit, sich an die Dunkelheit zu gewöhnen. Du siehst dann mehr.

Vermeide jetzt den Blick in helles Licht! Sonst geht die Anpassung deiner Augen an die Dunkelheit verloren und du musst erneut eine Viertelstunde warten.

Suche dir für den Anfang einfache Sternbilder mit hellen Sternen am Himmel aus und versuche, sie auch in der richtig eingestellten Sternkarte zu sehen. So kannst du dann von Stern zu Stern und Sternbild zu Sternbild am Himmel und auf der Karte weitergehen. Sterne, die sich am Rand des durchsichtigen Kartenausschnitts befinden, stehen am Horizont, Sterne in der Nähe des Buchstabens Z stehen hoch am Himmel. Siehst du einen hellen Lichtpunkt am Himmel, der auf der Sternkarte nicht verzeichnet ist, handelt es sich vermutlich um einen Planeten.

Bequem und lässig die Sterne im Blick

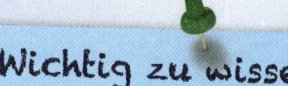

Wenn du ein Fernglas benutzt, versuche, es so ruhig wie möglich zu halten. Am besten stützt du deine Arme auf, damit das Bild nicht so zittert. Wenn du dein Beobachtungsobjekt aus den Augen verloren hast, setze das Fernglas kurz ab und orientiere dich, bevor du es erneut versuchst.

Wichtig bei deiner Sternbeobachtung ist, dass du nicht gleich aufgibst. Habe ein wenig Geduld, es ist alles Übungssache.

Und nun viel Spaß beim Sternegucken!

Die Größe eines Sternbilds kannst du mit deiner ausgestreckten Hand am Himmel abschätzen. Hast du es gefunden, zeichne auf das Millimeterpapier unter dem Tatsachenkasten, was du am Himmel erkennst. Oder du notierst dir dort, was du alles beobachtet hast.

Gesehen und notiert:

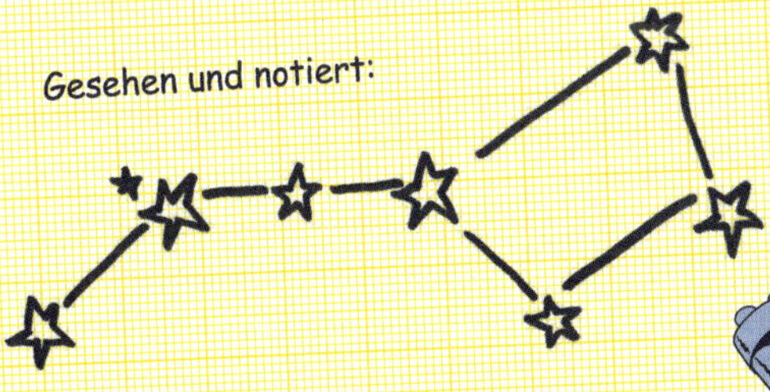

Datum: 15. 2. 2014
Uhrzeit: 20 Uhr
Ort: Garten
Wetter: sternklar

Beobachtun
Schau dir de
Knickpunkt
genau an. Ka
hier in Wirk
zusammenst
Fernglas kan
einfach ause

Wichtig zu wissen!

Die Sterne sind so weit weg, dass ihr Licht viele Jahre zu uns unterwegs ist. Dabei flitzt das Licht in jeder Sekunde 300 000 Kilometer voran! In einem Jahr sind das unvorstellbare 10 Billionen Kilometer. Man nennt diese Strecke ein Lichtjahr. Und weil alles andere viel zu große Zahlen ergeben würde, gibt man die Entfernung von Sternen in Lichtjahren an.

Kapella
Fuhrmann
Wintersechseck
Pollux
Zwillinge
Stier
Aldebaran
Prokyon
Kleiner Hund
Orion
Rigel
Großer Hund
Sirius

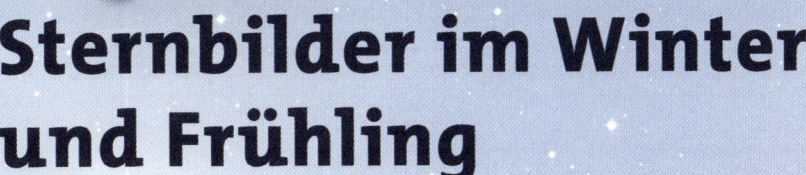

Sternbilder im Winter und Frühling

Im Winter leuchtet und funkelt es nur so am Himmel: Jetzt sind besonders viele helle Sterne zu sehen! Da es früh dunkel wird, kannst du schon zeitig auf Entdeckungstour gehen. Aber vergiss nicht, dich warm anzuziehen.

Die hellsten Sterne bilden das riesige Wintersechseck, das vom Horizont bis zum Zenit reicht. Am besten siehst du es gegen 20 Uhr im Februar. Dazu gehören der strahlend helle Sirius am Horizont, der halbhoch stehende Prokyon im Kleinen Hund, der untere Zwillingsstern Pollux, die leuchtende Kapella ganz hoch oben, der rötliche Aldebaran im Stier und der bläuliche Rigel im Orion.

Ab März klettert der Große Wagen am Himmel immer höher. Die Frühlingssternbilder kannst du erst später am Abend beobachten, da es nun länger dauert, bis es dunkel wird. Einige sind aber noch bis in den Spätsommer zu sehen.

Der Orion

Der Orion ist das schönste und bekannteste Wintersternbild. Bestimmt hast du es auch schon gesehen. Besonders auffällig sind drei Sterne, die eine aufsteigende Linie bilden. Sie werden umrahmt von einem großen Sternviereck. Der Eckstern links oben heißt Beteigeuze, derjenige rechts unten trägt den Namen Rigel. Beide sind sehr hell.

In der griechischen Sagenwelt war Orion ein berühmter Jäger, der mit Schwert, Keule und Schild bewaffnet war. Die aufsteigende Sternreihe stellt den Gürtel mit dem Schwert dar. Beteigeuze ist seine rechte Schulter und Rigel sein linker Fuß.

Als sich der Jäger eines Tages allzu sehr mit seinen Jagderfolgen brüstete, schickte die Erdgöttin Gaia einen Skorpion, um ihn zu töten. Orion wurde gestochen, er hatte aber Glück und wurde wiederbelebt. Seitdem ist er jedoch ständig auf der Flucht vor dem gefährlichen Tier: Wenn der Skorpion am Himmel erscheint, geht Orion gerade unter.

Der Orionnebel ist eine leuchtende Gas- und Staubwolke, in der neue Sterne entstehen.

Schau genau!

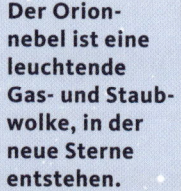

Kannst du erkennen, dass Beteigeuze und Rigel verschiedenfarbig leuchten? Beteigeuze strahlt orangerötlich, während Rigel bläulich weiß aussieht. Das liegt daran, dass die Sterne unterschiedlich heiß sind: Beteigeuze ist einige Tausend Grad kühler als Rigel.

Tatsache! Der Orion

Name: — **Orion**
Zu entdecken: — einfach
Beste Sichtbarkeit: — Januar, 21 bis 23 Uhr, Februar, 19 bis 21 Uhr
Höhe am Himmel: — halbhoch
Größe: — 2 Handbreit hoch, 1 breit
Auffällig helle Sterne: — Beteigeuze, Rigel
Besonderheit: — Der Orionnebel ist der schönste und hellste Gasnebel, den man bei uns am Himmel beobachten kann. Du findest ihn unterhalb der drei Gürtelsterne, im sogenannten Schwertgehänge des Jägers.

Gesehen und notiert:

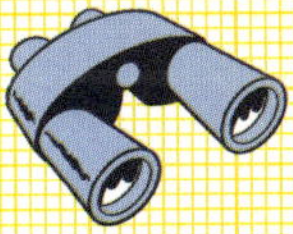

Beobachtungstipp

Hast du den Orionnebel entdeckt? Wenn es sehr dunkel ist, kannst du ihn schon mit bloßem Auge als hellen Fleck unterhalb der Gürtelsterne wahrnehmen. Mit einem Fernglas siehst du seinen Umriss besser.

So sieht der Sternhaufen M 37 durch ein großes Fernrohr aus. Im Fernglas ist er ein heller Fleck.

Der Fuhrmann

Wenn du den Kopf an einem klaren Winterabend weit zurücklegst und ganz nach oben schaust, wird dir sofort ein heller Stern auffallen: Kapella, der Hauptstern im Fuhrmann. Er leuchtet gelblich und steht jetzt fast senkrecht über dir. Von ihm aus kannst du das restliche Sternbild leicht erkennen. Es bildet ein etwas schiefes Fünfeck mit Kapella an der oberen Spitze.

Mach mit!

Kapella steht bei uns das ganze Jahr über am Himmel. Im Sommer funkelt der Stern allerdings tief am Horizont. Versuche einmal, Kapella im Sommer zu entdecken. Dazu brauchst du einen freien Blick nach Norden, bis ganz herunter zum Horizont. Da es im Sommer erst spät dunkel wird, machst du das Experiment am besten in den Sommerferien.

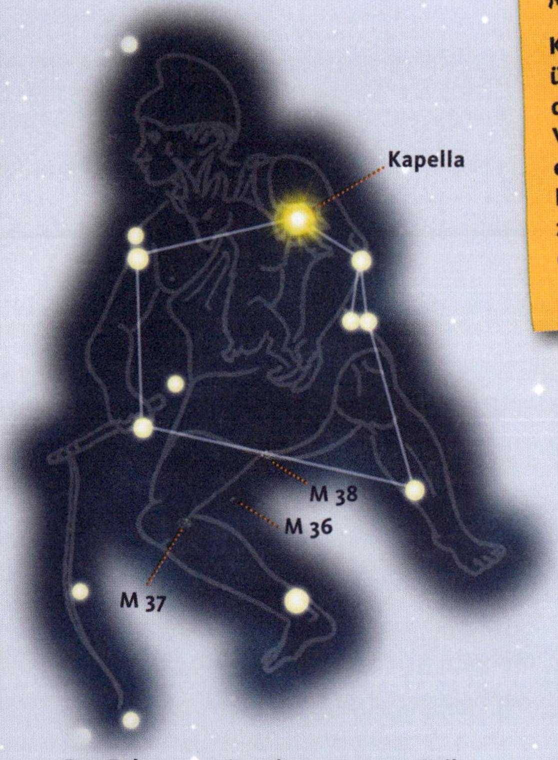

Der Fuhrmann. In seinem unteren Teil liegen drei schöne Sternhaufen mit den Bezeichnungen M 36, M 37 und M 38.

Du brauchst viel Fantasie, um in dieser Sternanordnung eine Figur zu erkennen. Die alten Griechen waren da sehr einfallsreich und hielten das Sternbild für einen Fuhrmann, der eine Ziege trägt. Die Ziege ist Kapella. Übersetzt bedeutet das tatsächlich „weibliche Ziege". Die Römer sahen in dem Sternbild dagegen den griechischen König Erichthonius, der nicht laufen konnte. Der Sage nach erfand er das Rad, damit er sich mit einem Wagen fortbewegen konnte.

Tatsache!

Der Fuhrmann

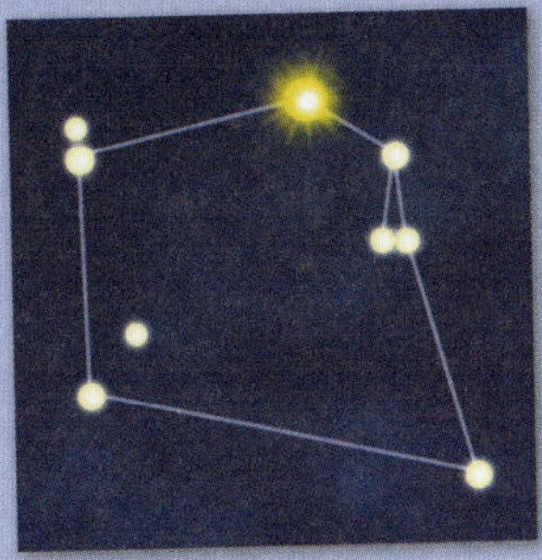

Name: — **Fuhrmann**
Zu entdecken: — einfach
Beste Sichtbarkeit: — Januar, 20 bis 23 Uhr, Februar, 19 bis 21 Uhr
Höhe am Himmel: — hoch
Größe: — 1 Handbreit hoch, 1 breit
Auffällig heller Stern: — Kapella
Besonderheit: — Manchmal wird der Stern am rechten Fuß der Figur noch zum Fuhrmann gezählt, obwohl er eigentlich schon zum Sternbild Stier gehört. Der Fuhrmann sieht dann aus wie eine große Halskette aus sechs Sternen.

Gesehen und notiert:

Beobachtungstipp

Rechts neben Kapella bilden drei nahe zusammenstehende, nicht sehr helle Sterne ein kleines Dreieck. Sie werden als Zicklein, also als kleine Ziegen bezeichnet. Kannst du die Zicklein am Himmel erkennen?

Der Große und der Kleine Hund

Links vom Himmelsjäger Orion findest du seine beiden Begleiter: den Großen und den Kleinen Hund. Wenn du in Gedanken die Linie der drei Orion-Gürtelsterne nach links unten verlängerst, stößt du sofort auf den hellsten Stern im Großen Hund. Knapp über dem Horizont funkelt dort der strahlend helle Sirius, der hellste Stern des ganzen Himmels! Sirius bildet den Kopf des Großen Hundes. Der untere Teil des Sternbildes versinkt leider oft im Dunst des Horizonts oder wird von Bäumen oder Gebäuden verdeckt.

Orions Jagdhunde: der Große und der Kleine Hund (links)

Der Kleine Hund steht am Sternenhimmel ein Stück oberhalb von Sirius. Besonders hell leuchtet der Hauptstern Prokyon. Der seltsame Name kommt aus dem Griechischen und bedeutet „vor dem Hund“. Damit ist gemeint, dass Prokyon immer kurz vor Sirius aufgeht und so den Aufgang des Großen Hundes ankündigt.

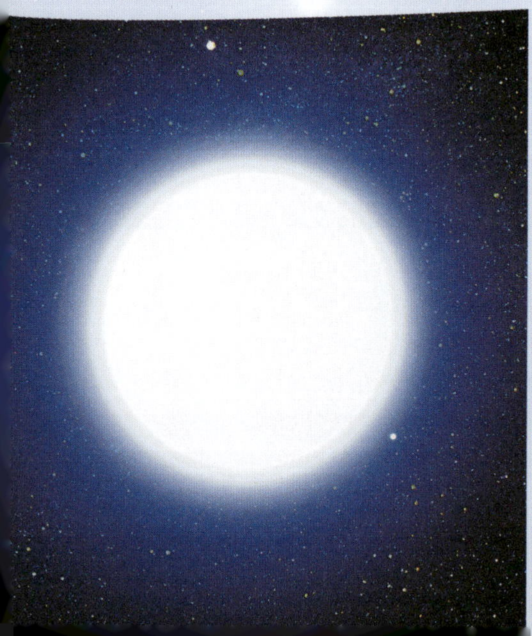

Der strahlend helle Sirius hat eine bläuliche Farbe.

Rekord!

Sirius ist der hellste Stern des ganzen Himmels. Er leuchtet 23-mal heller als unsere Sonne. Hauptsächlich erscheint er uns aber deswegen so hell, weil er auch einer unserer nächsten Nachbarsterne ist. Viele Sterne leuchten nämlich in Wahrheit kräftiger als er. Da sie aber weiter weg sind, wirken sie viel schwächer.

Tatsache!

Großer und Kleiner Hund

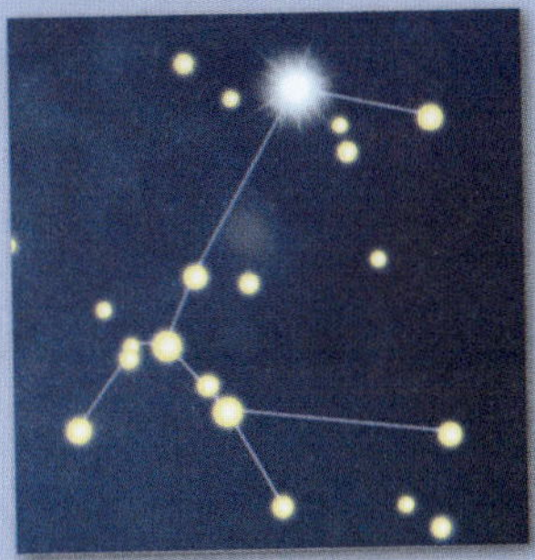

Name:	**Großer Hund**
Zu entdecken:	mittelschwer
Beste Sichtbarkeit:	Februar, 21 bis 22 Uhr, März, 19 bis 20 Uhr
Höhe am Himmel:	am Horizont
Größe:	2 Handbreit hoch, 1 breit
Auffällig heller Stern:	Sirius

Name:	**Kleiner Hund**
Zu entdecken:	mittelschwer
Beste Sichtbarkeit:	Februar, 21 bis 23 Uhr, März, 20 bis 21 Uhr
Höhe am Himmel:	halbhoch
Größe:	3 Fingerbreit hoch, 3 breit
Auffällig heller Stern:	Prokyon

Gesehen und notiert:

Beobachtungstipp

Schau dir Sirius einmal längere Zeit an. Siehst du, dass er kräftig in allen Farben funkelt? In der Nähe des Horizonts ist die Luft immer besonders unruhig, und so wird sein Sternlicht durch unsere Erdatmosphäre in verschiedene Farben zerlegt und scheint zu flackern.

Der Große Wagen

Der Große Wagen ist sehr bekannt. Bestimmt kennst du ihn auch. Er besteht aus sieben hellen Sternen: Vier davon sehen aus wie ein Kasten, die drei anderen bilden eine gebogene Linie. Die alten Griechen sahen in dem Kasten einen Wagen, die Sternlinie war für sie die Deichsel. Das ist der Balken, an dem der Wagen von Pferden gezogen wird.

Den Großen Wagen kannst du in jeder Nacht am Himmel finden, er geht nie unter. Immer steht er im Norden, niemals im Süden. Im Winter siehst du ihn halbhoch mit herabhängender Deichsel. Im Frühling steigt er weit nach oben und hängt dann kopfüber am Himmel.

Im Sommer sinkt er allmählich wieder herab, die Deichsel ist jetzt nach oben gerichtet. Und im Herbst fährt er – nun richtig herum – knapp über dem Nordhorizont.

Übrigens kennt man diese Sternfigur nicht in allen Ländern als Großen Wagen: Die Amerikaner nennen sie „Großer Suppenschöpflöffel", während die Franzosen dort eine Pfanne mit langem Stiel sehen.

Wichtig zu wissen!

Den Großen Wagen kennt zwar jeder, er ist aber gar kein offizielles Sternbild! Vielmehr gehört er zum Sternbild Großer Bär. Die übrigen Sterne des Großen Bären sind allerdings schwächer als die Wagensterne und daher schwieriger zu finden. Sieh in der Sternkarte nach, dort ist er abgebildet.

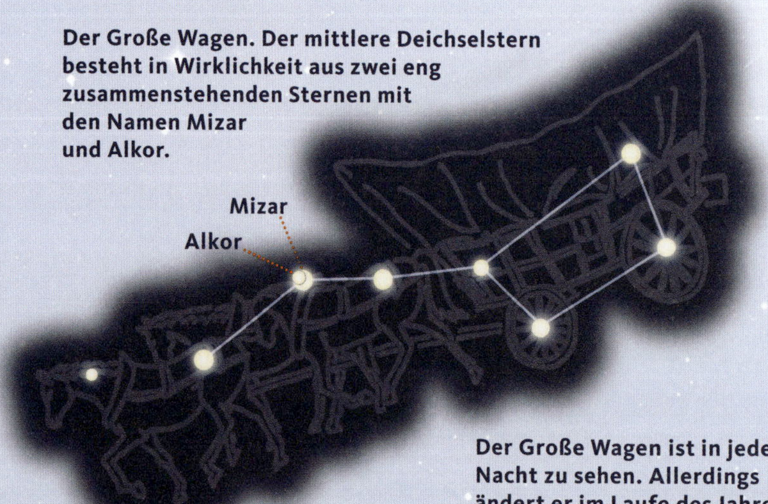

Der Große Wagen. Der mittlere Deichselstern besteht in Wirklichkeit aus zwei eng zusammenstehenden Sternen mit den Namen Mizar und Alkor.

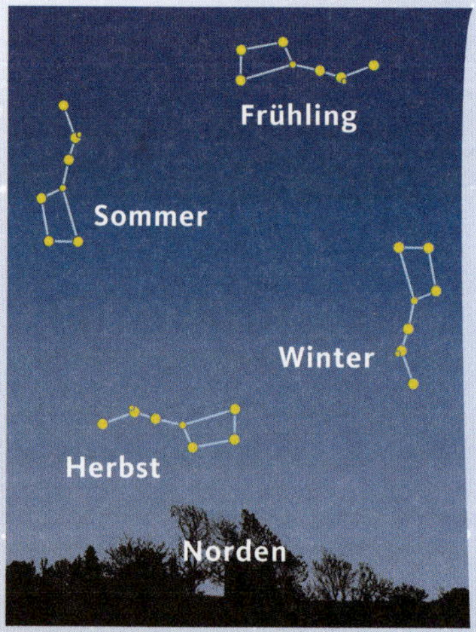

Der Große Wagen ist in jeder Nacht zu sehen. Allerdings ändert er im Laufe des Jahres seine Position am Himmel.

Tatsache!

Der Große Wagen

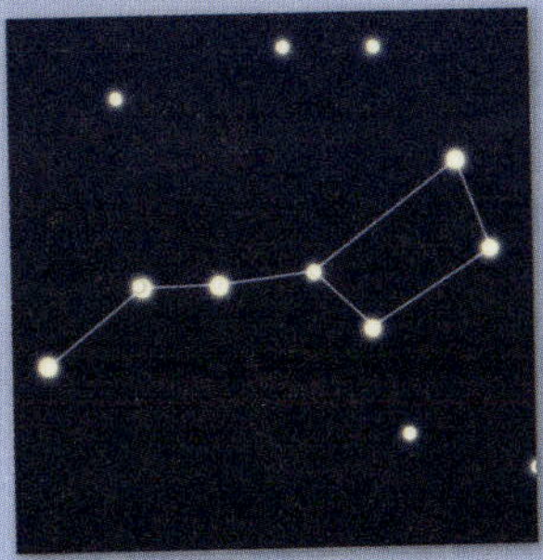

Name: – **Großer Wagen**
Zu entdecken: – einfach
Beste Sichtbarkeit: – Februar, 21 bis 23 Uhr, März, 20 bis 22 Uhr
Höhe am Himmel: – halbhoch bis hoch
Größe: – 1 Handbreit hoch, 3 breit
Besonderheit: – Am Großen Wagen kannst du dich das ganze Jahr über orientieren. Im Herbst findest du ihn aber nur, wenn dir keine Häuser oder Bäume die Sicht auf den Horizont versperren.

Gesehen und notiert:

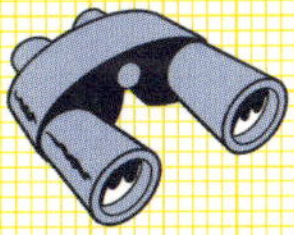

Beobachtungstipp

Schau dir den Stern Mizar am Knickpunkt der Wagendeichsel genau an. Kannst du sehen, dass hier in Wirklichkeit zwei Sterne zusammenstehen? Mit einem Fernglas kannst du beide ganz einfach auseinanderhalten.

Der Kleine Wagen

Der Kleine Wagen sieht aus wie eine Miniaturausgabe des Großen Wagens. Auch er besteht aus Wagen und Deichsel, ist aber viel unauffälliger. Wie der Große Wagen geht er bei uns niemals unter und ist das ganze Jahr über am Nordhimmel zu finden.

Der berühmteste und hellste Stern des Kleinen Wagens sitzt an seiner Deichselspitze: der Polarstern. Sein Name sagt es schon, er steht über dem Nordpol der Erde. Um ihn scheint sich im Laufe von Stunden der ganze Himmel zu drehen. Doch in Wirklichkeit kreisen die Sterne gar nicht, sondern es ist unsere Erde, die sich unter ihnen dreht. Der Polarstern bleibt dabei auf seiner Position.

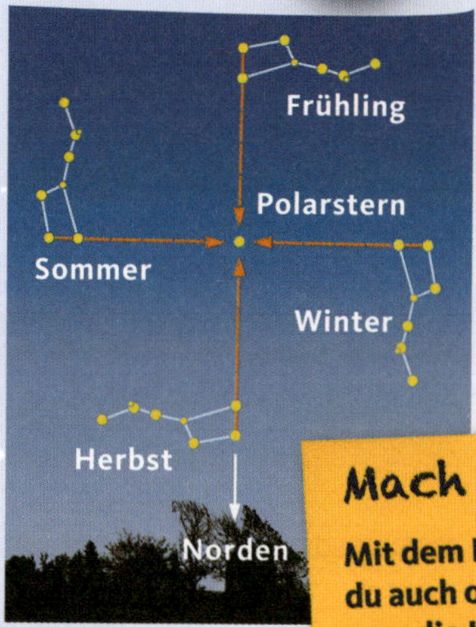

Mach mit!

Mit dem Polarstern kannst du auch ohne GPS oder Kompass die Himmelsrichtungen bestimmen. Suche dazu zunächst den Großen Wagen und verbinde in Gedanken seine beiden hinteren Kastensterne. Verlängere diese Linie fünfmal Richtung Kastenöffnung, dann triffst du auf den Polarstern. Ziehst du von ihm aus eine senkrechte Linie zum Horizont, landest du genau im Norden. Hinter dir ist dann Süden, rechts Osten und links Westen.

Auf lang belichteten Nachtaufnahmen sieht man hübsche Sternkreise. Sie entstehen, weil sich unsere Erde während der Aufnahme dreht.

Tatsache!

Der Kleine Wagen

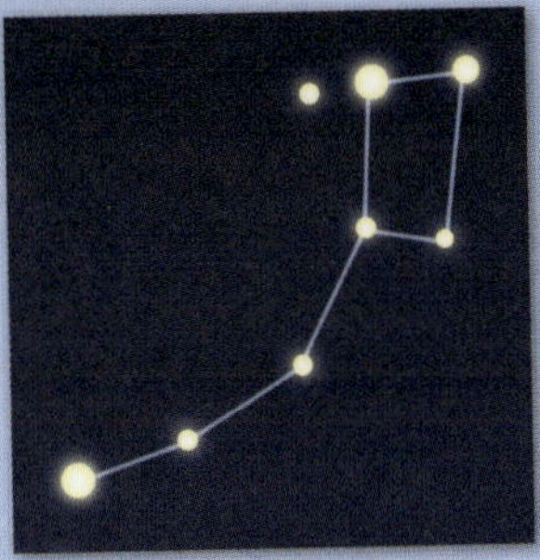

Name: — **Kleiner Wagen**
Zu entdecken: — mittelschwer
Beste Sichtbarkeit: — Februar, 21 bis 23 Uhr, März, 20 bis 22 Uhr
Höhe am Himmel: — halbhoch
Größe: — 2 Handbreit hoch, 1 breit
Besonderheit: — Wie der Große Wagen ist auch der Kleine Wagen kein richtiges Sternbild, sondern Teil eines Sternbildes, das Kleiner Bär genannt wird.

Gesehen und notiert:

Beobachtungstipp

Beobachte den Kleinen Wagen einmal an mehreren Abenden hintereinander und zähle, wie viele Sterne du von ihm siehst. Meist wirst du nur drei gut erkennen: den Polarstern und die beiden hinteren Kastensterne. An einem richtig dunklen Ort kannst du aber auch die schwächeren Sterne entdecken.

Der Rinderhirte und die Krone

Der Rinderhirte und die Krone sind zwei hübsche Frühlingssternbilder. Hoch im Süden findest du sie nur spät am Abend. Den hellsten Stern im Rinderhirten erkennst du sehr einfach: Verlängere in Gedanken den Deichselbogen des Großen Wagens in Richtung Horizont, dann triffst du in halber Höhe auf den rötlich leuchtenden Arktur. Der Rest des Sternbildes ist deutlich schwächer. Es sieht aus wie ein Drachen, den man im Herbst steigen lässt. Der griechische Name Arktur heißt übersetzt Bärenhüter. Der Stern wurde so genannt, da er immer in der Nähe des Großen und des Kleinen Bären steht.

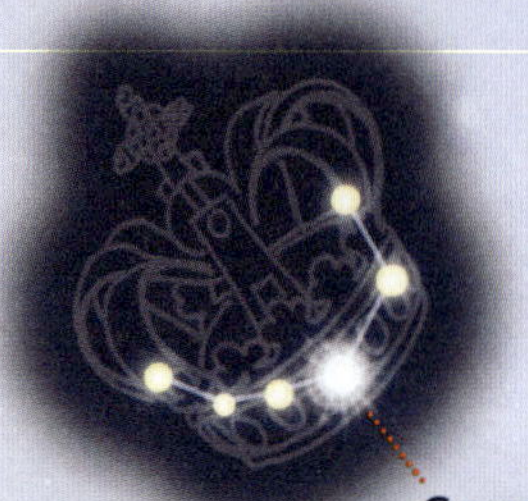

Weil es am südlichen Himmel noch eine Krone gibt, heißt unser Sternbild Nördliche Krone.

Die Krone bildet links oberhalb von Arktur einen kleinen Halbkreis. Ihr auffälligster Stern heißt Gemma. Das ist Lateinisch und bedeutet „Edelstein".

So kommst du vom Großen Wagen zu Arktur im Rinderhirten. Der Coma-Sternhaufen liegt im benachbarten schwachen Sternbild Haar der Berenike.

Wichtig zu wissen!

Arktur ist nach Sirius der zweithellste Stern, den man bei uns sehen kann. Und er flitzt fast über den Himmel. In 800 Jahren könntest du ihn knapp einen Fingerbreit neben seiner jetzigen Position finden. Die anderen Sterne bewegen sich langsamer. Weil man in einem Menschenleben davon nichts mitbekommt, nennt man Sterne auch Fixsterne.

Tatsache!

Rinderhirte und Krone

Name: — **Rinderhirte**
Zu entdecken: — mittelschwer
Beste Sichtbarkeit: — Mai, ab 22 Uhr, Juni, ab 22 Uhr
Höhe am Himmel: — halbhoch
Größe: — 2 Handbreit hoch, 1 breit
Auffällig heller Stern: — Arktur

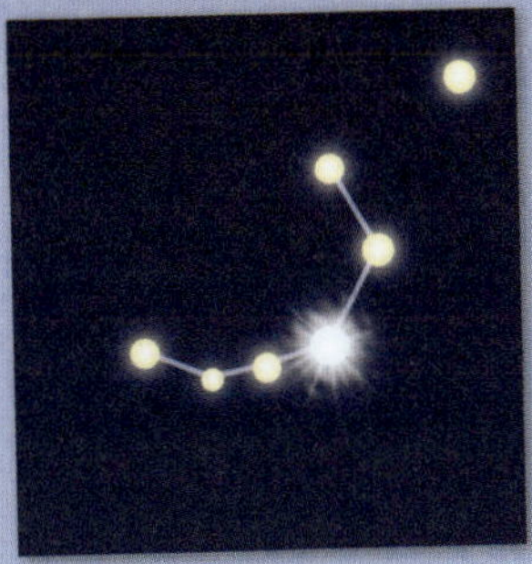

Name: — **Nördliche Krone**
Zu entdecken: — mittelschwer
Beste Sichtbarkeit: — Mai, ab 23 Uhr, Juni, ab 22 Uhr
Höhe am Himmel: — halbhoch
Größe: — 1 Handbreit hoch, 1 breit

Gesehen und notiert:

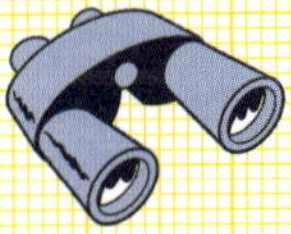

Beobachtungstipp

Blicke von Arktur aus einmal gut zwei Handbreit nach rechts. Dort funkeln eine Menge schwacher Sterne. Es muss richtig dunkel sein, damit du sie erkennst. Das ist der Coma-Sternhaufen. Mit einem Fernglas siehst du ihn noch besser.

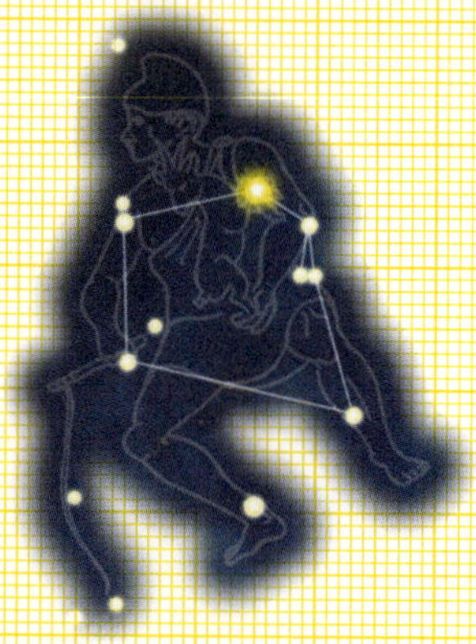

Meine spannendste Beobachtung:

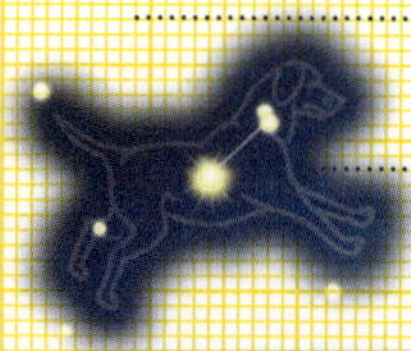

Mein Fund-Protokoll:

Notier hier deine Entdeckungen. Wie viele Sterne und Sternbilder aus diesem Kapitel hast du schon gefunden?

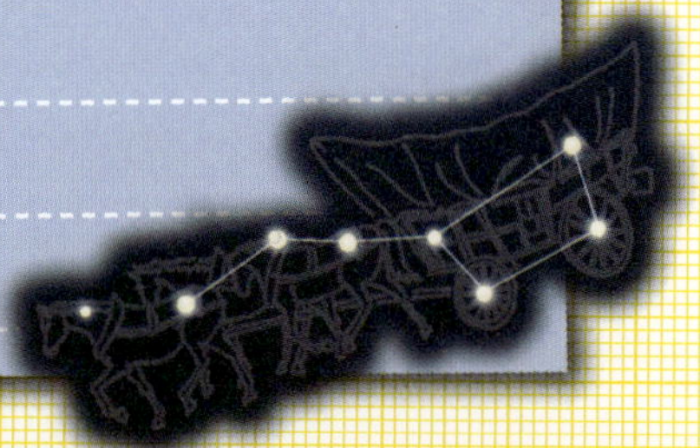

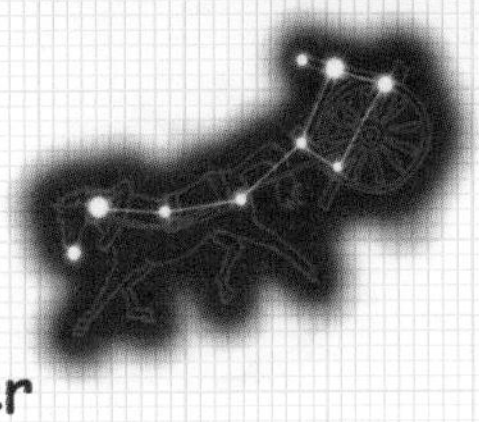

Was mir noch aufgefallen ist:

- Sterne funkeln am Horizont viel stärker als hoch am Himmel.
- Einige Sterne leuchten orange, andere bläulich.

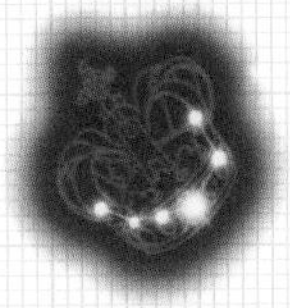

Unbedingt noch herausfinden!

- In welche Himmelsrichtung zeigt unser Balkon oder unsere Terrasse?
- Wohin wandert der Orion innerhalb einer Stunde?

Deneb
Wega
Schwan
Leier
Sommer-
dreieck
Atair
Adler

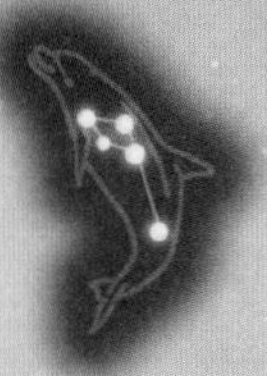

Sternbilder im Sommer und Herbst

Im Sommer wird es erst spät dunkel. Selbst im August musst du noch lange aufbleiben, bis die ersten Sterne auftauchen. Spannend ist es dann zuzuschauen, wie nach Sonnenuntergang ein Stern nach dem anderen erscheint.

Los geht es ganz hoch oben mit der bläulichen Wega, dem Hauptstern im Sternbild Leier. Fast gleichzeitig wird der helle, orangefarbene Frühlingsstern Arktur sichtbar, der immer noch am Westhimmel leuchtet. Als Nächstes erkennst du die Sterne Deneb im Schwan und Atair im Adler. Wega bildet mit ihnen das helle Sommerdreieck, das du auch noch im September oder Oktober beobachten kannst.

Zum Sternegucken solltest du dir übrigens immer eine warme Jacke anziehen – auch im Sommer. Denn dann wird es sehr spät, und wenn du müde wirst, fängst du besonders schnell an zu frieren.

Die Leier

Die Leier steht im Sommer hoch am Himmel. Den hellsten Leierstern kannst du dann praktisch nicht übersehen: Lege deinen Kopf in den Nacken und schaue senkrecht nach oben. Dort strahlt Wega, der Hauptstern in der Leier, kräftig mit einem bläulichen Schimmer. Zu dem Sternbild gehört außerdem noch ein kleines, schiefes Viereck mit deutlich schwächeren Sternen.

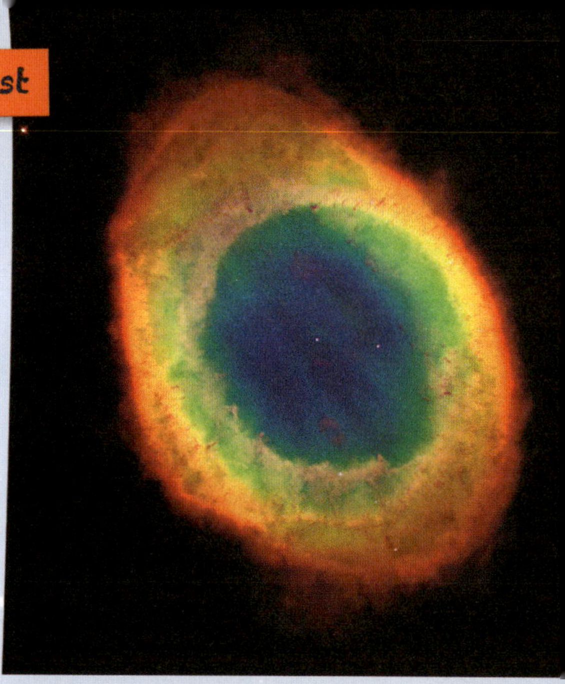

Der Ringnebel in der Leier besteht aus Gas, das ein alter Stern abgestoßen hat. Du kannst diese Reste durch ein Teleskop als schwachen Rauchkringel erkennen.

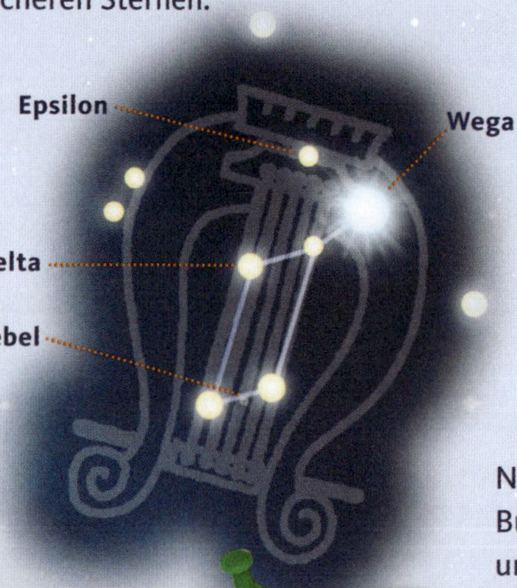

Wega ist der dritthellste Stern, der bei uns sichtbar ist. Er strahlt fast genauso hell wie Arktur im Rinderhirten. Der Name Wega ist arabisch und bedeutet „herabstoßender Adler“. Weniger helle Sterne haben keine eigenen Namen. Sie werden mit griechischen Buchstaben wie zum Beispiel Epsilon und Delta bezeichnet.

Bei den Griechen galt die Leier als das Musikinstrument des Sängers Orpheus. Mit ihrem lieblichen Klang überredete er sogar Hades, den Herrscher des Totenreichs, seine verstorbene Frau Eurydike freizulassen. Doch Orpheus hielt sich nicht an die Bedingung, die ihm Hades gestellt hatte, und Eurydike musste zurück in die Unterwelt.

Schau genau!

Epsilon in der Leier ist ein besonderer Stern: Wenn du genau hinsiehst, erkennst du, dass er länglich aussieht. Nimm ein Fernglas zu Hilfe, dann siehst du dort zwei Sterne – Epsilon ist ein Doppelstern! Durch ein Teleskop erkennt man sogar vier Sterne. Jeder der beiden Sterne besteht wieder aus zwei Sternen.

Tatsache!

Die Leier

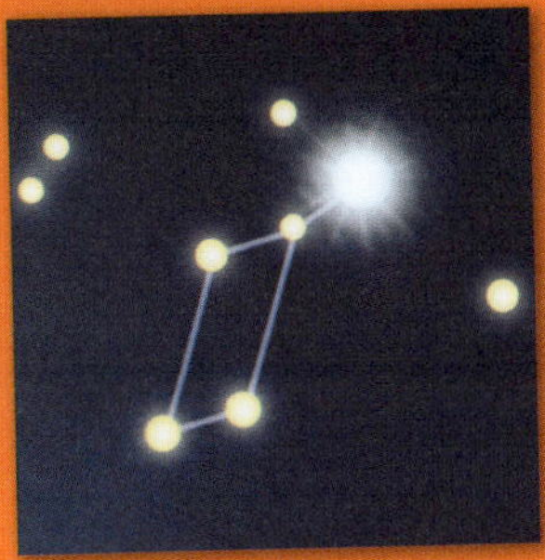

Name: — **Leier**
Zu entdecken: — mittelschwer
Beste Sichtbarkeit: — August, 22 bis 23 Uhr, September, 21 bis 22 Uhr
Höhe am Himmel: — hoch
Größe: — 1 Handbreit hoch, knapp 1 breit
Auffällig heller Stern: — Wega
Besonderheit: — Die Leier kannst du noch bis weit in den Herbst und sogar Winter sehen, dann auch früher am Abend. Allerdings ist sie später im Jahr weit nach Westen gerückt und steht nicht mehr so hoch am Himmel.

Gesehen und notiert:

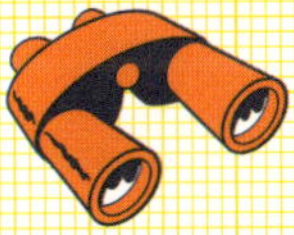

Beobachtungstipp

Auch der Stern Delta in der Leier ist ein Doppelstern. Durch ein Fernglas erkennst du die beiden: einen helleren rötlichen und einen schwächeren weißblauen Stern. Den Ringnebel solltest du dir unbedingt einmal auf einer Volkssternwarte zeigen lassen.

Der Schwan

Der Schwan ist ein gut erkennbares Sommersternbild. Auch Deneb, den hellsten Stern im Schwan, kannst du hoch oben am Himmel finden. Er steht ein Stück links von Wega und leuchtet nicht ganz so hell. Der Schwan bildet von Deneb aus ein großes Kreuz. Das Sternbild wird daher manchmal auch „Kreuz des Nordens“ genannt, entsprechend dem berühmten „Kreuz des Südens“, das bei uns aber nicht sichtbar ist.

Das leuchtende Band der Milchstraße besteht aus tausenden Sternen. Die dunkleren Bereiche sind Gas- und Staubwolken, die das Licht dahinterliegender Sterne verschlucken.

Wichtig zu wissen!

Deneb ist ein gewaltiger Riesenstern, 300-mal so groß wie unsere Sonne und 130 000-mal so hell. Er ist damit viel heller als seine beiden „Sommerdreieck-Kollegen“ Wega und Atair. Da er aber mindestens hundertmal weiter weg ist, erscheint er uns schwächer als sie.

In der kreuzförmigen Sternfigur kannst du dir gut einen Schwan mit ausgebreiteten Flügeln vorstellen. Die Sternnamen Deneb und Albireo stammen aus dem Arabischen und bedeuten „Schwanz“ und „Kopf“. Die Griechen hielten das Sternbild für den Schwan, in den sich ihr Göttervater Zeus verwandelt hatte, um sich Leda, der Königin von Sparta, zu nähern.

Tatsache!

Der Schwan

Name: – **Schwan**

Zu entdecken: – einfach

Beste Sichtbarkeit: – September, 21 bis 23 Uhr, Oktober, 20 bis 22 Uhr

Höhe am Himmel: – hoch

Größe: – 2 Handbreit hoch, 4 breit

Auffällig heller Stern: – Deneb

Besonderheit: – Der Kopfstern Albireo ist ein schöner Doppelstern. Mit bloßem Auge siehst du hier nur einen Stern, durch ein Fernglas aber bei genauem Hinsehen zwei. Mit einem Teleskop sieht man sogar, dass die Sterne verschiedene Farben haben: orange und bläulich.

Gesehen und notiert:

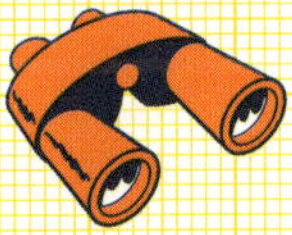

Beobachtungstipp

Der Schwan liegt mitten im Band der Milchstraße. Versuche einmal, sie zu erkennen. Am besten geht dies in einer klaren Nacht ohne Mondlicht. Schau sie dir auch durch ein Fernglas an: Siehst du, dass die Milchstraße aus unzähligen Sternen besteht?

Der Adler und der Delfin

Mithilfe des Schwans kannst du auch den anderen großen Vogel am Himmel finden: den Adler. Knapp zwei Handbreit unterhalb des Schwans fällt der helle Adler-Hauptstern Atair auf. Auch der Adler fliegt mit ausgebreiteten Schwingen durch die Milchstraße, aber in die entgegengesetzte Richtung. Das Sternbild ist etwas schwieriger zu erkennen, da es recht tief steht.

Weil er durch das Fernrohr an einen Schwarm fliegender Enten erinnert, trägt der Sternhaufen M 11 auch den lustigen Namen Wildentenhaufen.

Um den Adler rankt sich eine grausige Geschichte: Eines Tages brachte der Riese Prometheus den Menschen gegen den Willen der Götter das Feuer. Zur Strafe wurde er angekettet, und ein Adler pickte jeden Tag an seiner Leber. Schließlich erlegte der Held Herkules den Vogel und setzte dem Leiden des Prometheus so ein Ende.

In der Umgebung des Adlers findest du schöne Ziele für das Fernglas: den Kleiderbügel-Sternhaufen, die Schild-Wolke und den Sternhaufen M 11.

Das hübsche Sternbild Delfin

Der Delfin ist ein kleines Sternbild. Du kannst ihn links oberhalb von Atair finden. Er wird aus einem schiefen Sternviereck mit Schwanz geformt. Der Sage nach liebte der Delfin schöne Gesänge. So wurde er durch das Klagelied des berühmten Sängers Arion angelockt, der zu ertrinken drohte. Der Delfin rettete den Sänger und schwamm mit ihm ans Ufer.

Tatsache! Adler und Delfin

Name: — **Adler**
Zu entdecken: — mittelschwer
Beste Sichtbarkeit: — August, 22 bis 24 Uhr, September, 21 bis 22 Uhr
Höhe am Himmel: — halbhoch
Größe: — 2 Handbreit hoch, 2 breit
Auffällig heller Stern: — Atair

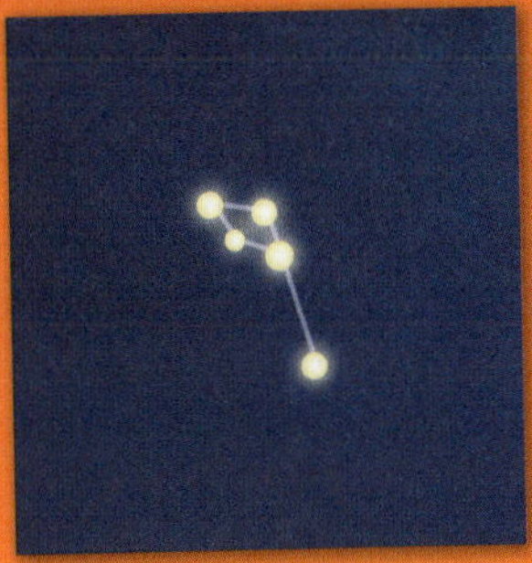

Name: — **Delfin**
Zu entdecken: — mittelschwer
Beste Sichtbarkeit: — September, 21 bis 23 Uhr, Oktober, 20 bis 21 Uhr
Höhe am Himmel: — halbhoch
Größe: — 3 Fingerbreit hoch, 2 breit

Gesehen und notiert:

Beobachtungstipp

Die Schild-Wolke ist ein besonders heller Bereich der Milchstraße. Du kannst sie mit bloßem Auge erkennen. Siehst du durch das Fernglas den Sternhaufen M 11 an ihrem oberen Ende? Versuche auch einmal, den auf dem Kopf stehenden Kleiderbügel oberhalb des Adlers zu finden.

Der Perseus

Das Sternbild Perseus mit dem schönen Doppel-Sternhaufen und dem blinkenden Stern Algol

Der Perseus steht in Herbstnächten hoch am Himmel. Wenn du ihn am frühen Abend beobachten möchtest, nimmst du ihn dir aber besser in den ersten Wintermonaten vor: Dann befindet er sich ganz weit oben und ist recht gut zu erkennen. Seine Sterne bilden ein etwas schiefes, auf dem Kopf stehendes „Y".

Bei den Griechen galt Perseus als Held. Als die Königin Kassiopeia von Äthiopien eines Tages übermäßig mit ihrer Schönheit prahlte, sollte ihre Tochter Andromeda für den Hochmut der Königin büßen und einem Meeresungeheuer geopfert werden. Dazu wurde sie an einen Fels gekettet, wo sie dem Monster hilflos ausgeliefert war. Als Perseus von dieser Ungerechtigkeit erfuhr, eilte er auf dem fliegenden Pferd Pegasus herbei, rettete Andromeda und nahm sie zur Frau.

Mit dieser Geschichte kannst du dich am Herbsthimmel gut orientieren, denn die Sternbilder Perseus, Andromeda, Kassiopeia und Pegasus stehen nahe zusammen. Und auch das Meeresungeheuer ist vertreten: der große Walfisch, der am Horizont allerdings schwer zu erkennen ist.

Schon durch ein Fernglas kannst du erkennen, dass der Doppel-Sternhaufen im Perseus aus zwei eng zusammenstehenden Sternhaufen besteht.

Tatsache!

Der Perseus

Name: — **Perseus**
Zu entdecken: — mittelschwer
Beste Sichtbarkeit: — Dezember, 21 bis 23 Uhr, Januar, 19 bis 21 Uhr
Höhe am Himmel: — hoch
Größe: — 3 Handbreit hoch, 1 breit
Besonderheit: — Das Licht des Sterns Algol wird alle drei Tage für ein paar Stunden schwächer. Er wird von einem dunkleren Begleitstern umkreist, der ihn regelmäßig bedeckt. Die alten Araber wussten das noch nicht und nannten den unheimlich blinkenden Stern daher „Teufelsstern".

Gesehen und notiert:

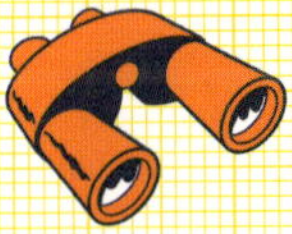

Beobachtungstipp

An einem dunklen Ort kannst du den Doppel-Sternhaufen knapp oberhalb des Perseus schon mit bloßem Auge als länglichen Fleck ausmachen. Nimm dein Fernglas zur Hand und schau, wie prachtvoll die beiden funkelnden Sternhaufen darin aussehen.

Der Pegasus und die Andromeda

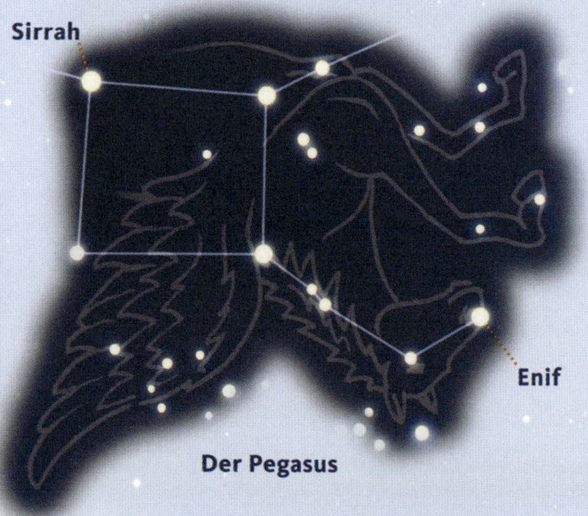

Der Pegasus

Die Sternkette, die links am Herbstviereck ansetzt, bildet das Sternbild Andromeda. Sogar der Eckstern Sirrah zählt schon dazu. Um dir bei diesem Sternbild ein an einen Fels gekettetes Mädchen vorzustellen, brauchst du allerdings sehr viel Fantasie.

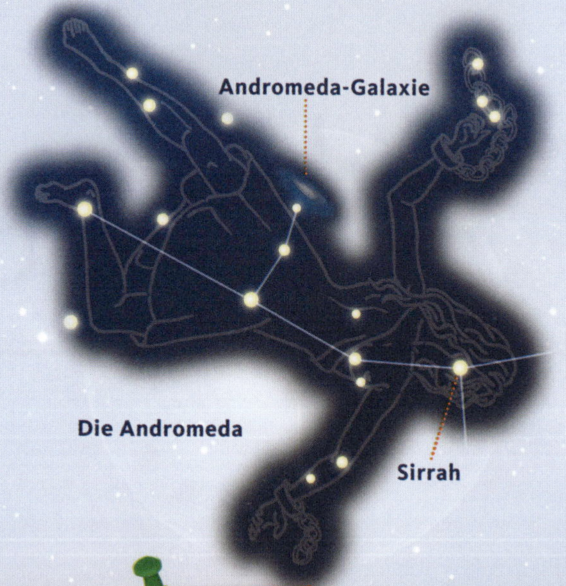

Die Andromeda

Das Sternbild Pegasus fällt vor allem durch ein sehr großes Sternquadrat auf. Im Herbst steht es gut sichtbar am Abendhimmel. Man nennt es deswegen auch Herbstviereck. Bei den Griechen war Pegasus ein fliegendes Pferd. Als der Krieger Bellerophon mit ihm eines Tages den Sitz der Götter erstürmen wollte, wurde der Reiter zur Strafe auf die Erde zurückgeworfen. Pegasus aber diente seitdem den Göttern.

Ein Pferd kannst du dir in dieser Sternfigur ganz gut vorstellen, wenn du es auf den Kopf drehst: Der Kopf hängt nach unten, die Nüstern befinden sich bei dem gut sichtbaren Stern Enif.

Rekord!

Die Andromeda-Galaxie ist das fernste Objekt, das du mit bloßem Auge erkennen kannst. Ihr Licht ist drei Millionen Jahre lang durch das All gereist, wenn du es siehst! Es stammt von unserer nächsten großen Nachbargalaxie: einem riesigen Spiralnebel aus Milliarden von Sternen, leuchtendem Gas und dunklem Staub.

Die Andromeda-Galaxie

Tatsache!

Pegasus und Andromeda

Name: – **Pegasus**
Zu entdecken: – mittelschwer
Beste Sichtbarkeit: – Oktober, 21 bis 24 Uhr, November, 19 bis 22 Uhr
Höhe am Himmel: – halbhoch
Größe: – 3 Handbreit hoch, 4 breit

Name: – **Andromeda**
Zu entdecken: – mittelschwer
Beste Sichtbarkeit: – November, 20 bis 23 Uhr, Dezember, 18 bis 21 Uhr
Höhe am Himmel: – hoch
Größe: – 1 Handbreit hoch, 3 breit

Gesehen und notiert:

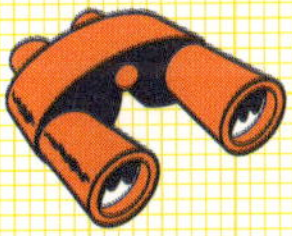

Beobachtungstipp

Die Andromeda-Galaxie kannst du nur in einer dunklen, klaren Nacht mit bloßem Auge wahrnehmen. Du findest sie drei Fingerbreit über dem mittleren Stern der Andromeda-Sternreihe. Schau ganz leicht daneben, dann siehst du sie besser. Durch das Fernglas ist sie ein großer heller Fleck.

Die Kassiopeia

Die Kassiopeia zählt wie der Große und der Kleine Wagen zu den Sternbildern, die in jeder Nacht am Himmel stehen und niemals untergehen. Sie sind um den Polarstern zu finden („zirkumpolar"). Du siehst die Kassiopeia also im Norden. Gegen Jahresende steht sie hoch am Himmel. Das Sternbild ist einfach zu erkennen, denn seine Sterne sind recht hell und formen ein „W". Es wird deswegen auch „Himmels-W" genannt.

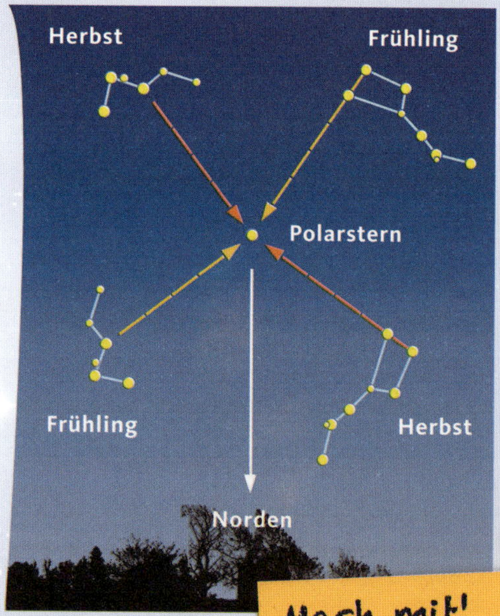

Mach mit!

Kannst du das Trio aus Großem Wagen, Polarstern und Kassiopeia am Himmel erkennen? Versuche einmal zu verfolgen, wie sich die Stellung dieser Wegweiser über das Jahr verändert. Im Herbst steht die Kassiopeia hoch oben, im Frühling dagegen der Große Wagen.

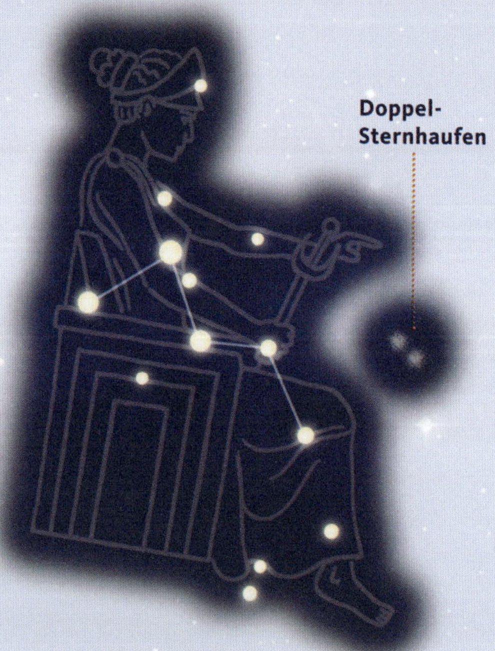

Kassiopeia als Königin von Äthiopien. Ganz in der Nähe des Himmels-W steht der Doppel-Sternhaufen im Perseus.

Mit dem Himmels-W kannst du übrigens auch den Polarstern finden: Die mittlere Spitze des Buchstabens zeigt genau auf ihn. Verlängerst du diese Linie in Gedanken über den Polarstern hinaus, triffst du auf den Großen Wagen. Mit der Kassiopeia kannst du also auch den Großen Wagen ausmachen und umgekehrt.

Und mithilfe des Polarsterns im Norden weißt du immer, in welcher Richtung Süden, Westen und Osten liegen.

Tatsache!

Die Kassiopeia

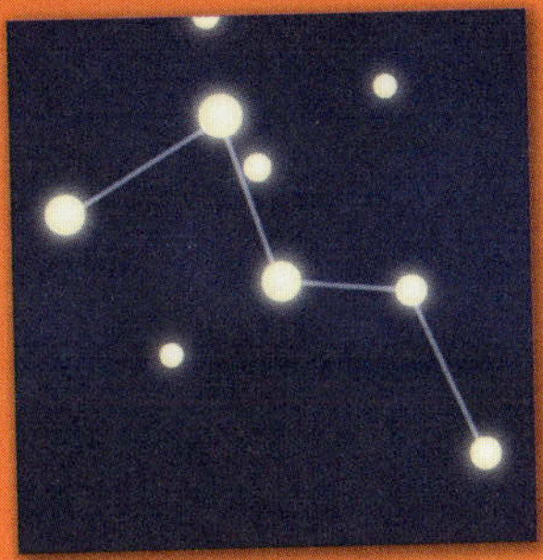

Name: – **Kassiopeia**
Zu entdecken: – einfach
Beste Sichtbarkeit: – November, 20 bis 23 Uhr, Dezember, 18 bis 21 Uhr
Höhe am Himmel: – hoch
Größe: – 1 Handbreit hoch, 1 breit
Besonderheit: – Wenn es richtig dunkel und klar ist, kannst du jetzt die Milchstraße hoch am Himmel sehen. Sie läuft in hohem Bogen durch die Kassiopeia und senkt sich durch den Schwan zum Westhorizont. Auf der anderen Seite passiert sie Perseus und Fuhrmann Richtung Osthorizont.

Gesehen und notiert:

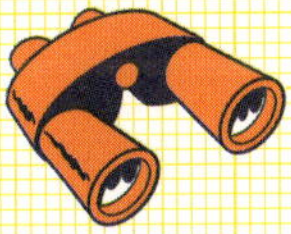

Beobachtungstipp

Durchstreife die Kassiopeia einmal mit dem Fernglas. Da sie mitten in der Milchstraße liegt, kannst du dort sehr viele Sterne und auch den einen oder anderen Sternhaufen finden.

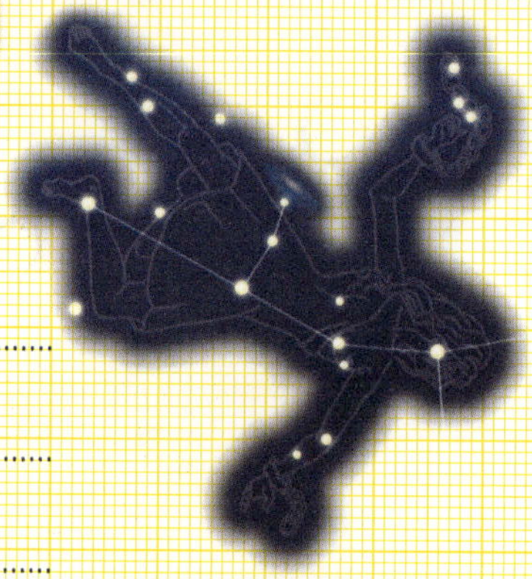

Meine spannendste Beobachtung:

Mein Fund-Protokoll:

Notier hier deine Entdeckungen. Wie viele Sterne und Sternbilder aus diesem Kapitel hast du schon gefunden?

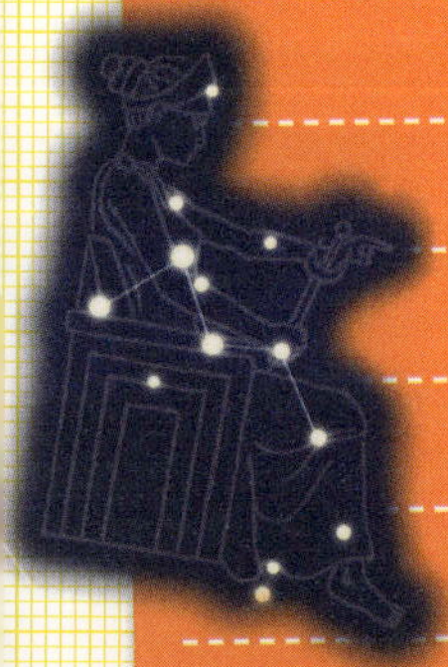

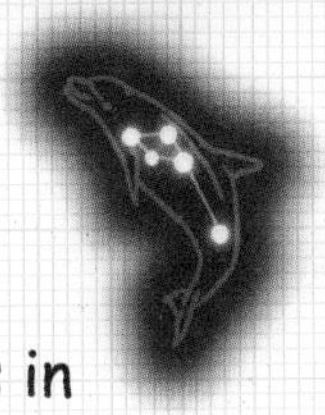

Was mir noch aufgefallen ist:

- Den Frühlingsstern Arktur kann ich noch bis in den Spätsommer hinein beobachten.
- Einen schwachen Nebel oder Sternhaufen sehe ich besser, wenn ich leicht daneben schaue.

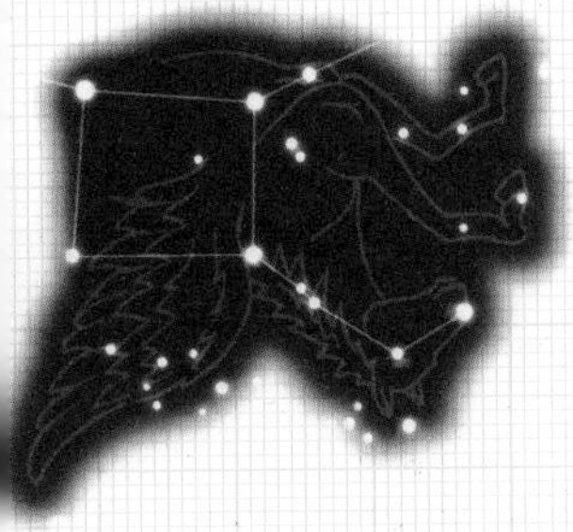

Unbedingt noch herausfinden!

- Wo ist die nächste Volkssternwarte und wann kann man sie besuchen?
- Wie lange kann ich das Sommerdreieck am Himmel sehen?

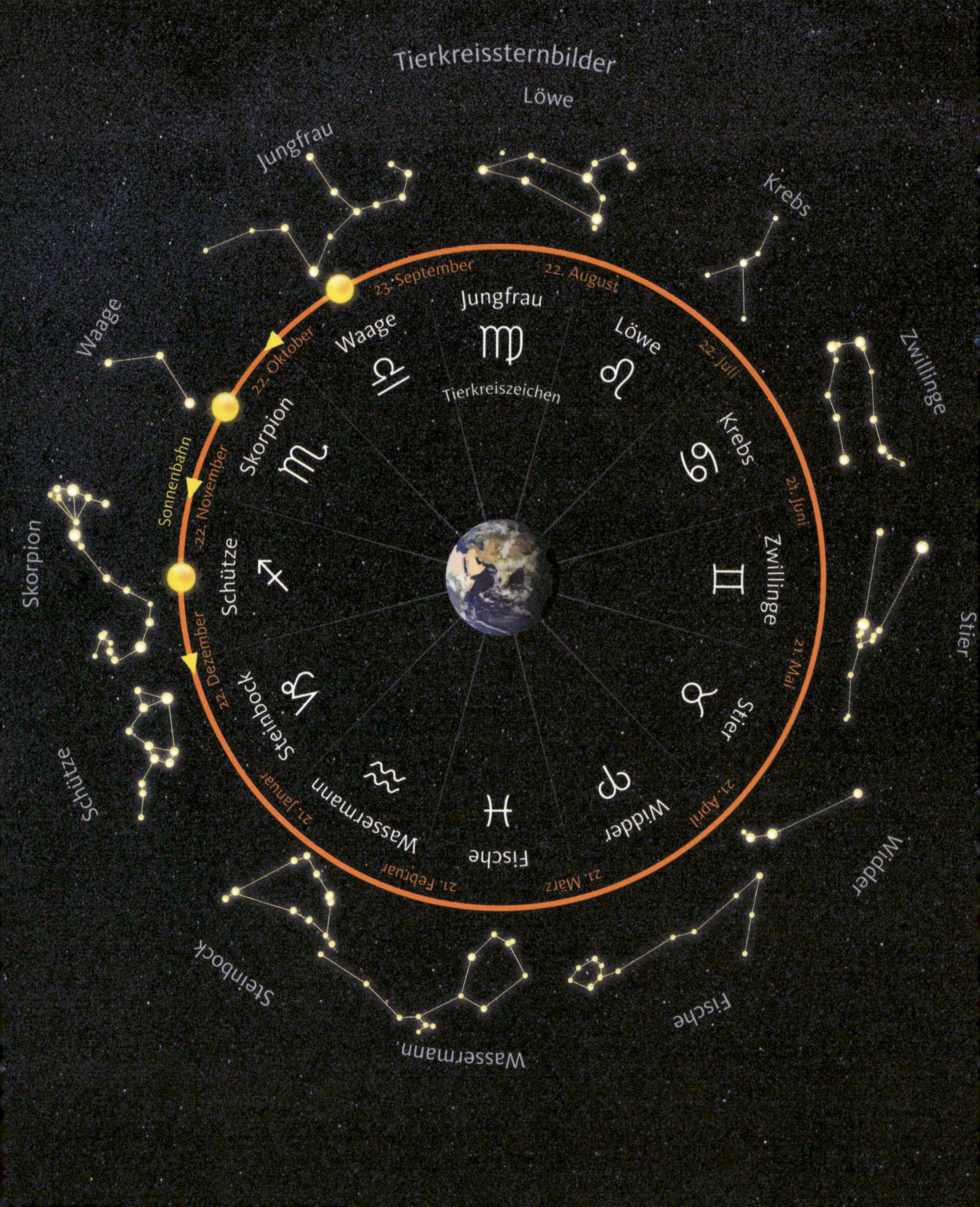
Tierkreissternbilder
Löwe
Jungfrau
Krebs
Zwillinge
Waage
Stier
Skorpion
Widder
Schütze
Steinbock
Wassermann
Fische
23. September
22. August
22. Juli
21. Juni
21. Mai
21. April
21. März
21. Februar
21. Januar
22. Dezember
22. November
22. Oktober
Sonnenbahn
Jungfrau
Tierkreiszeichen
Löwe
Krebs
Zwillinge
Stier
Widder
Fische
Wassermann
Steinbock
Schütze
Skorpion
Waage

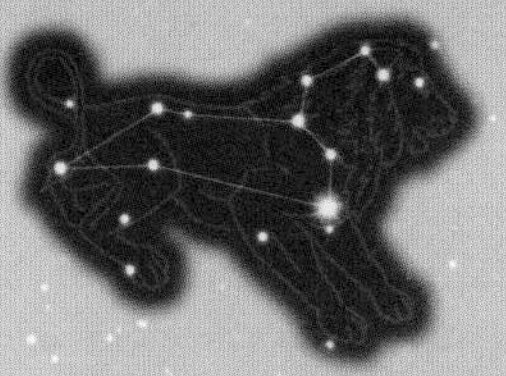

Die Tierkreissternbilder

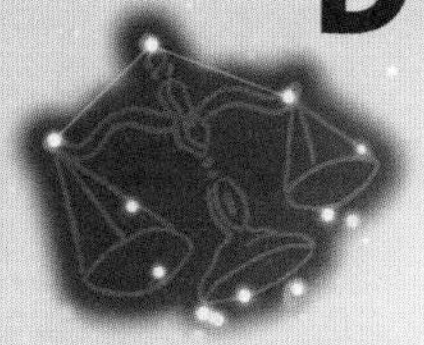

Welches Sternzeichen bist du? Bestimmt weißt du es. Aber weißt du auch, dass die Sternzeichen nichts mehr mit den Sternen zu tun haben? Sie werden nur noch in Horoskopen verwendet.

In der Astronomie nennt man sie Tierkreiszeichen. Sie wurden vor rund 2500 Jahren am Himmel festgelegt. Damals stimmten sie noch mit den Sternbildern überein. Da sich aber die Stellung unserer Erdachse langsam verändert, haben sich Tierkreiszeichen und Sternbilder gegeneinander verschoben: Wenn du zum Beispiel Waage bist, ist dein Sternbild heutzutage in Wirklichkeit die Jungfrau. Astronomie und Astrologie haben also nichts mehr miteinander zu tun.

Weshalb sind die Tierkreissternbilder eigentlich so bekannt? Das hat mit der Wanderung der Erde um die Sonne zu tun. Für uns sieht das nämlich so aus, als ob die Sonne einmal jährlich den ganzen Tierkreis durchliefe.

Der Stier und die Zwillinge

Die Zwillinge. Der Stern Pollux erscheint im Vergleich zu Kastor leicht orange.

Der Stier ist ein schönes Wintersternbild: Verlängerst du die Linie der drei Gürtelsterne des Orion nach rechts oben, dann findest du seinen rötlichen Hauptstern Aldebaran. Im Stier gibt es zwei hübsche Sternhaufen: die Hyaden (V-förmig) direkt bei Aldebaran und die glitzernden Plejaden ein Stück weiter oben. Sie sehen aus wie eine Miniaturausgabe des Kleinen Wagens.

Der Sage nach hatte sich der Göttervater Zeus in einen Stier verwandelt, um das schöne Mädchen Europa auf seinem Rücken nach Kreta zu entführen. Aldebaran verkörpert dabei sein rotes Stierauge.

Die Zwillinge erkennst du gut an den beiden hellen Sternen Kastor und Pollux. In der Vorstellung der Griechen waren sie Zwillingsbrüder. Allerdings stammte Pollux von den Göttern ab und war daher unsterblich. Kastor hingegen war ein normaler Mensch. Als er eines Tages starb, vermisste Pollux ihn schrecklich und besuchte ihn von da an regelmäßig in der Unterwelt.

Der Stier

Der schöne Sternhaufen der Plejaden wird auch Siebengestirn genannt. Mit bloßem Auge kannst du hier sechs bis neun Sterne erkennen.

Tatsache!

Stier und Zwillinge

Name: – **Stier**
Zu entdecken: – einfach
Beste Sichtbarkeit: – Januar, 20 bis 22 Uhr,
Februar, 19 bis 20 Uhr
Höhe am Himmel: – halbhoch
Größe: – 2 Handbreit hoch, 3 breit
Auffällig heller Stern: – Aldebaran

Name: – **Zwillinge**
Zu entdecken: – einfach
Beste Sichtbarkeit: – Februar, 20 bis 23 Uhr,
März, 20 bis 21 Uhr
Höhe am Himmel: – halbhoch
Größe: – 2 Handbreit hoch, 2 breit
Auffällig helle Sterne: – Kastor, Pollux

Gesehen und notiert:

Beobachtungstipp

Die Hyaden sehen aus wie ein quer liegendes V mit Aldebaran an einer Spitze. Die Plejaden funkeln ungefähr eine Handbreit weiter rechts oben. Beide Sternhaufen kannst du mit bloßem Auge erkennen. Durch ein Fernglas siehst du hier zahlreiche Sterne leuchten.

Der Krebs

Der Krebs und der Löwe

Der unscheinbare Krebs steht zwischen den hellen Sternbildern Zwillinge und Löwe. Von seinen Sternen wirst du kaum etwas sehen, aber vielleicht bemerkst du ein leichtes Funkeln: Das ist der Sternhaufen Praesepe. Sein Name heißt übersetzt so viel wie Futterkrippe.

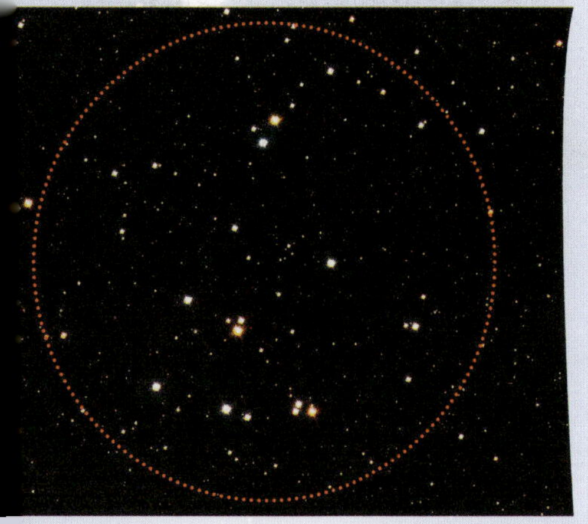

Der Sternhaufen Praesepe

Der Löwe hingegen ist ein großes und schönes Frühlingssternbild. Der bläulich weiße Hauptstern Regulus leuchtet halbhoch am Himmel und verkörpert das Herz der Raubkatze. Sein Name bedeutet „Kleiner König". Einen liegenden Löwen kannst du dir in der Sternanordnung ganz gut vorstellen: Rechts oben ist der Kopf mit der Mähne, links der Schwanz.

Die Griechen hielten den Löwen für ein Ungeheuer mit unverwundbarem Fell. Nur der Held Herkules konnte ihn besiegen. Das Löwenfell verwendete er später als undurchdringliche Rüstung.

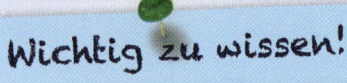

Wichtig zu wissen!

Der Löwenstern Regulus und der Stierstern Aldebaran liegen wie Spika in der Jungfrau und Antares im Skorpion in der Nähe der Bahn, auf der Sonne, Mond und Planeten über den Himmel wandern. Ab und zu werden diese hellen Sterne daher vom Mond bedeckt.

Der Löwe

Tatsache!

Krebs und Löwe

Name: — **Krebs**
Zu entdecken: — schwer
Beste Sichtbarkeit: — Februar, 22 bis 24 Uhr, März, 20 bis 22 Uhr
Höhe am Himmel: — halbhoch
Größe: — 2 Handbreit hoch, 1 breit

Name: — **Löwe**
Zu entdecken: — einfach
Beste Sichtbarkeit: — März, 22 bis 24 Uhr, April, 21 bis 23 Uhr
Höhe am Himmel: — halbhoch
Größe: — 2 Handbreit hoch, 3 breit
Auffällig heller Stern: — Regulus

Gesehen und notiert:

Beobachtungstipp

Den Sternhaufen Praesepe findest du im dunklen Loch zwischen den Zwillingen und dem Löwen. In einer mondlosen, klaren Nacht kannst du ihn schon mit bloßem Auge glitzern sehen. Mithilfe eines Fernglases erkennst du viele locker verstreute Sterne.

Die Jungfrau und die Waage

Wichtig zu wissen!

Im Sternbild Jungfrau stehen tausende Galaxien beisammen, riesige Sternsysteme ähnlich unserer Milchstraße. Sie bilden den Virgo-Galaxienhaufen. Virgo ist lateinisch und heißt Jungfrau. Da die Galaxien sehr weit von uns weg sind, kann man sie selbst durch ein Teleskop höchstens als Nebelflecke erkennen.

Der hellste Jungfraustern ist schnell gefunden: Verlängere den Deichselbogen des Großen Wagens über Arktur im Rinderhirten hinaus, dann stößt du knapp über dem Horizont auf den bläulich leuchtenden Stern Spika. Sein Name heißt übersetzt „Kornähre“.

Die Jungfrau ist ein sehr großes Sternbild. Abgesehen von Spika sind ihre Sterne aber schwach und schwer zu erkennen. In der griechischen Sagenwelt stellte sie Persephone dar, die Tochter der Fruchtbarkeitsgöttin Demeter. Hades, der Gott der Unterwelt, entführte das schöne Mädchen eines Tages. Von da an durfte Persephone immer nur ein halbes Jahr lang an die Erdoberfläche zurück.

Eigentlich liegt die Jungfrau am Himmel quer, die Abbildung ist hier gedreht. Die Jungfrau steht für Frühling und Fruchtbarkeit und hält eine Kornähre in der Hand.

Das Sternbild Waage erinnert an eine alte Balkenwaage mit zwei Waagschalen.

Die Waage steht im Frühsommer am Himmel. Ihre wenigen, nicht sehr hellen Sterne befinden sich nahe am Horizont und sind schwer zu erkennen. Die Waage gilt als Sinnbild der Gerechtigkeit.

Tatsache!

Jungfrau und Waage

Name: — **Jungfrau**
Zu entdecken: — mittelschwer
Beste Sichtbarkeit: — Mai, 22 bis 24 Uhr, Juni, 22 bis 23 Uhr
Höhe am Himmel: — am Horizont
Größe: — 2 Handbreit hoch, 5 breit
Auffällig heller Stern: — Spika

Name: — **Waage**
Zu entdecken: — schwer
Beste Sichtbarkeit: — Juni, 22 bis 24 Uhr, Juli, 22 bis 23 Uhr
Höhe am Himmel: — am Horizont
Größe: — 2 Handbreit hoch, 1 breit

Gesehen und notiert:

Beobachtungstipp

Die Frühlingssterne Spika und Regulus im Löwen und Arktur im Rinderhirten bilden ein großes Dreieck, das sogenannte Frühlingsdreieck. Wie das Wintersechseck, das Sommerdreieck und das Herbstviereck ist es kein Sternbild, sondern nur eine auffällige Figur aus hellen Sternen.

Der Skorpion und der Schütze

Die Sommersternbilder Skorpion und Schütze stehen bei uns immer tief am Horizont. Du brauchst einen ganz freien Blick nach Süden, um sie zu sehen. Außerdem musst du lange aufbleiben. Am besten versuchst du es einmal in den Sommerferien.

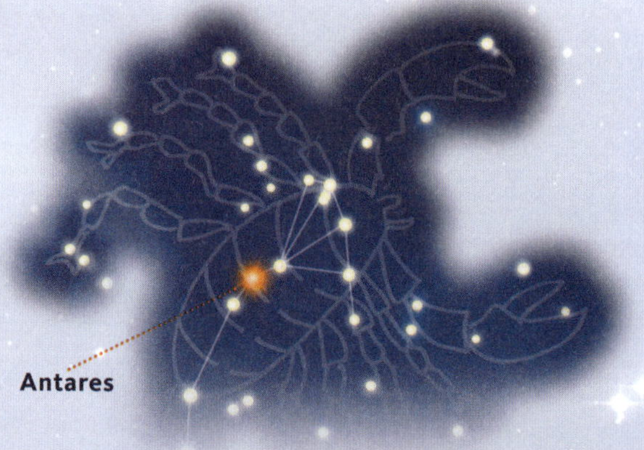

Der bei uns sichtbare Teil des Skorpions. Seine Scheren liegen schon im Sternbild Waage, das früher zum Skorpion gehörte.

Das unverwechselbare Sternbild Skorpion sieht aus wie ein Fächer. Seinen hellen, rötlichen Hauptstern Antares kannst du knapp über dem Südhorizont finden. Der lange Stachelschwanz, mit dem der Skorpion der Sage nach den Himmelsjäger Orion bedroht, ist bei uns aber nicht zu sehen. Dazu musst du weit nach Süden, zum Beispiel ans Mittelmeer fahren.

Der Lagunennebel im Schützen ist eine leuchtende Gas- und Staubwolke, in der neue Sterne entstehen. Von einem dunklen Standort aus kannst du ihn mithilfe eines Fernglases als länglichen Fleck sehen.

Den Schützen zu finden, ist nicht einfach. Wenn du an einem richtig dunklen Ort bis zum Südhorizont schauen kannst, versuche einmal, seine Umrisse zu erkennen: Er sieht eher aus wie eine Teekanne mit Deckel, Griff und Ausguss.

Der Sage nach ist der Schütze ein Zentaur: ein Wesen halb Mensch, halb Pferd. Mit Pfeil und Bogen hält er den Skorpion in Schach.

Tatsache!

Skorpion und Schütze

Name: — **Skorpion**
Zu entdecken: — mittelschwer
Beste Sichtbarkeit: — Juni, 23 bis 24 Uhr, Juli, 22 bis 23 Uhr
Höhe am Himmel: — am Horizont
Größe: — 1 Handbreit hoch, 1 breit
Auffällig heller Stern: — Antares

Name: — **Schütze**
Zu entdecken: — schwer
Beste Sichtbarkeit: — Juli, gegen 24 Uhr, August, 22 bis 23 Uhr
Höhe am Himmel: — am Horizont
Größe: — 1 Handbreit hoch, 2 breit

Gesehen und notiert:

Beobachtungstipp

Durchstreife Skorpion und Schütze in einer klaren Nacht ohne Mondlicht einmal mit dem Fernglas. Du hast hier den dichtesten Teil der Milchstraße vor dir und kannst einige Sternhaufen und Nebel entdecken.

Der Steinbock und der Wassermann

Steinbock und Wassermann stehen tief am Herbsthimmel. Beide enthalten keine hellen Sterne und sind schwierig zu erkennen. Der große Wassermann befindet sich unterhalb des Sternbilds Pegasus, rechts davon ist der dreiecksförmige Steinbock angesiedelt.

In der antiken Sagenwelt wurde der Steinbock als Ziege mit Fischschwanz dargestellt. Er stand für den ziegenköpfigen Gott Pan. Dieser hatte sich auf der Flucht vor einem Monster in einen Fluss gestürzt und dabei zur Hälfte in einen Fisch verwandelt.

Der Steinbock wird meist als Ziegenbock mit Fischschwanz dargestellt.

Der Wassermann hatte im alten Babylonien eine sehr große Bedeutung: Wenn die Sonne in dieses Sternbild wanderte, setzte damals die Regenzeit ein. So gießt auch der himmlische Wassermann unablässig Wasser aus einem Krug und ist umgeben von Wassertieren: den Fischen, dem Südlichen Fisch und dem Walfisch.

Der Wassermann

Im Wassermann befindet sich der Sternhaufen M 2. Du kannst ihn durchs Fernglas als helles Fleckchen sehen, er ist aber nicht einfach zu finden.

Tatsache!

Steinbock und Wassermann

Name: – **Steinbock**
Zu entdecken: – schwer
Beste Sichtbarkeit: – Oktober, 20 bis 21 Uhr, November, 18 bis 19 Uhr
Höhe am Himmel: – am Horizont
Größe: – 2 Handbreit hoch, 2 breit

Name: – **Wassermann**
Zu entdecken: – schwer
Beste Sichtbarkeit: – Oktober, 22 bis 23 Uhr, November, 19 bis 20 Uhr
Höhe am Himmel: – am Horizont
Größe: – 2 Handbreit hoch, 5 breit

Gesehen und notiert:

Beobachtungstipp

Suche vom Sternbild Adler aus Algiedi, den Hauptstern im Steinbock. Wenn es richtig dunkel ist, siehst du, dass hier zwei Sterne zusammenstehen. Schau mit dem Fernglas auch einmal Beta an, den Stern darunter: Erkennst du, dass auch er aus zwei Sternen besteht?

Die Fische und der Widder

Das Sternbild Fische ist zwar groß, aber unauffällig. Wenn es sehr dunkel ist, kannst du versuchen, unter dem Pegasus-Viereck den schwachen Sternkreis zu erkennen, der den Kopf des rechten Fisches bildet. Die alten Griechen stellten sich hier die Göttin Aphrodite und ihren Sohn Eros vor: Wie Gott Pan waren sie auf der Flucht vor einem Ungeheuer, stürzten in einen Fluss und verwandelten sich in Fische.

Wichtig zu wissen!

In den Fischen befindet sich der Frühlingspunkt. Das ist der Punkt, in dem die Sonne jedes Jahr zu Frühlingsbeginn steht. Vor rund 2 000 Jahren lag er noch im Sternbild Widder. Da unsere Erdachse ganz langsam wie ein riesiger Kreisel taumelt, wandert dieser Punkt allmählich von einem Tierkreissternbild zum nächsten.

Die Fische

Der Widder

Der Widder ist einfacher zu erkennen, da er wenigstens zwei hellere Sterne besitzt: Er steht ein Stück rechts vom Sternhaufen der Plejaden. Um den Widder rankt sich die berühmte Sage vom Goldenen Vlies: Die Königin von Theben wollte ihren Stiefsohn töten lassen, da er anstelle ihres eigenen Sohnes seinem Vater auf den Thron folgen sollte. Als ihr Plan fast gelungen war, erschien jedoch ein fliegender Widder mit goldenem Fell – dem Goldenen Vlies – und rettete das Kind.

Tatsache!

Fische und Widder

Name: – **Fische**
Zu entdecken: – schwer
Beste Sichtbarkeit: – November, 20 bis 22 Uhr, Dezember, 18 bis 20 Uhr
Höhe am Himmel: – halbhoch
Größe: – 1 Handbreit hoch, 4 breit

Name: – **Widder**
Zu entdecken: – schwer
Beste Sichtbarkeit: – Dezember, 20 bis 22 Uhr, Januar, 19 bis 20 Uhr
Höhe am Himmel: – halbhoch
Größe: – 1 Handbreit hoch, 1 breit

Gesehen und notiert:

Beobachtungstipp

Am besten suchst du diese beiden Sternbilder von einem richtig dunklen Platz außerhalb von Städten und Ortschaften aus. Fange mit dem Widder an und versuche dann, die Fische zu finden. Du brauchst dafür eine dunkle Nacht ohne störendes Mondlicht.

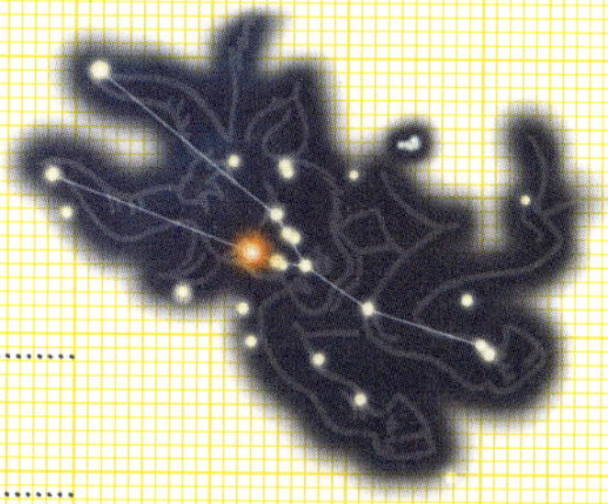

Meine spannendste Beobachtung:

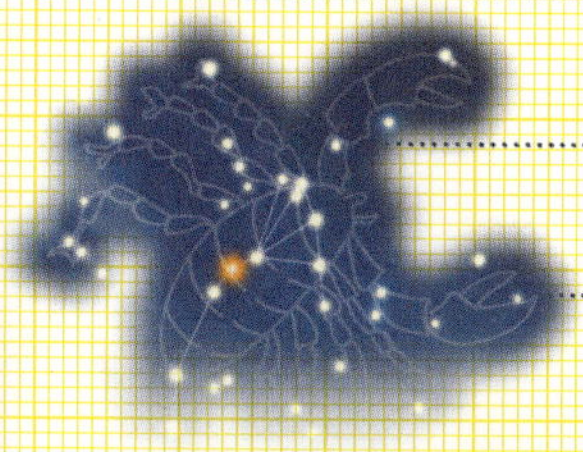

Mein Fund-Protokoll:

Notier hier deine Entdeckungen. Wie viele Sterne und Sternbilder aus diesem Kapitel hast du schon gefunden?

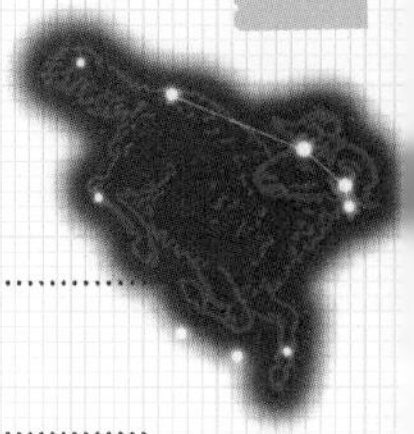

Was mir noch aufgefallen ist:

- An meinem Geburtstag kann ich mein Sternbild nicht sehen.

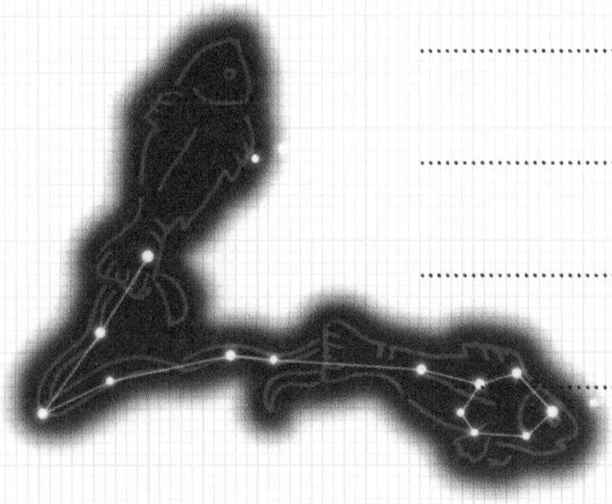

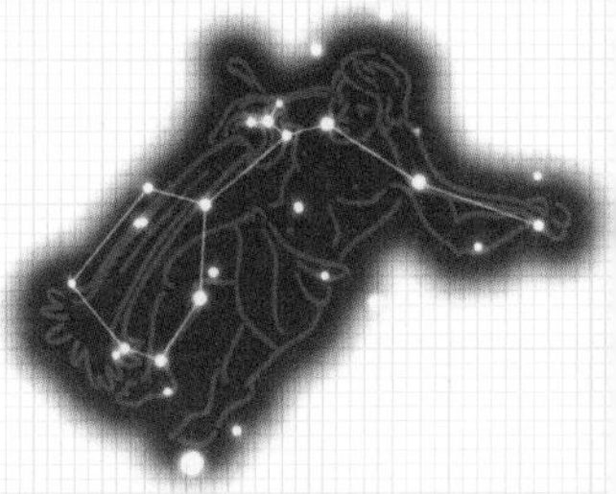

Unbedingt noch herausfinden!

- Wann ist mein Sternbild am Abendhimmel zu sehen?
- Was ist der Unterschied zwischen Astronomie und Astrologie?

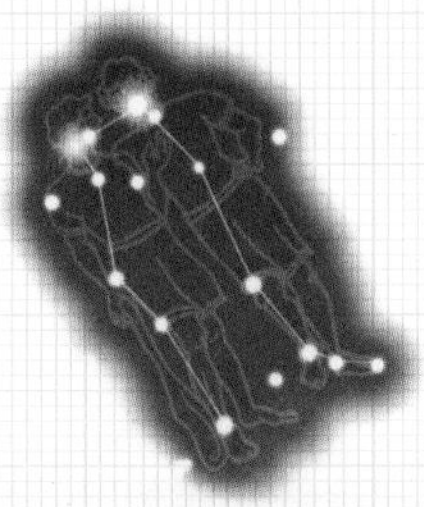

Sonne
Mars
Jupiter
Erde
Merkur
Venus
Asteroiden
Saturn
Uranus
Neptun

Unser Sonnensystem

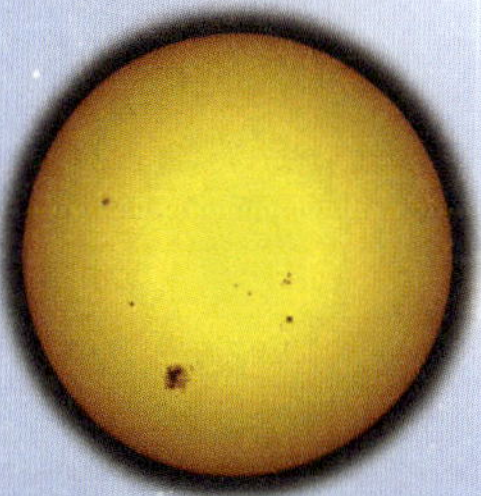

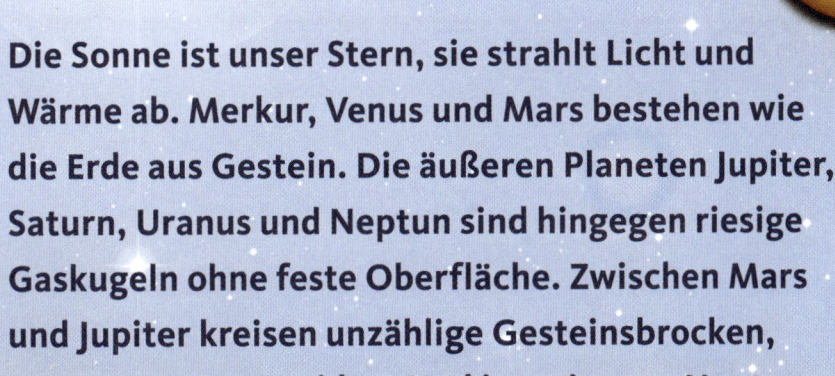

Das Sonnensystem ist unsere Heimat im All. Hier kreisen mit der Erde insgesamt acht Planeten um die Sonne.

Die Sonne ist unser Stern, sie strahlt Licht und Wärme ab. Merkur, Venus und Mars bestehen wie die Erde aus Gestein. Die äußeren Planeten Jupiter, Saturn, Uranus und Neptun sind hingegen riesige Gaskugeln ohne feste Oberfläche. Zwischen Mars und Jupiter kreisen unzählige Gesteinsbrocken, sogenannte Asteroiden. Und jenseits von Neptun tummeln sich noch jede Menge Eisklumpen.

Einige Planeten kannst du zu bestimmten Zeiten sehr leicht beobachten. Da sie sich durch die Tierkreissternbilder bewegen, sind sie auf der Sternkarte nicht verzeichnet. Du musst ihre Positionen in einem astronomischen Jahrbuch nachschlagen. Mond und Planeten leuchten übrigens nicht selbst, sie werden vom Sonnenlicht angestrahlt.

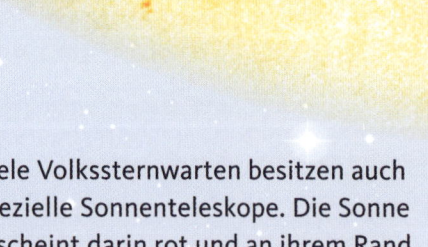

Sonnenflecken sind kühler als ihre Umgebung, deswegen erscheinen sie dunkler. Ein einzelner Sonnenfleck leuchtet aber immer noch heller als der Vollmond.

Die Sonne

Die Sonne ist ein heißer, brodelnder Gasball. Sie ist unser Stern. Weil sie der Erde viel näher steht als alle anderen Sterne wirkt sie so groß und hell. Niemals darfst du direkt in die Sonne sehen, erst recht nicht mit einem Fernglas oder Teleskop!

Am besten besuchst du eine Volkssternwarte, um die Sonne gefahrlos zu beobachten. Dort werden spezielle Filter vor die Teleskope gesetzt, die das Sonnenlicht stark abschwächen. Dann kann man auf der Sonne manchmal dunkle Sonnenflecken entdecken.

Viele Volkssternwarten besitzen auch spezielle Sonnenteleskope. Die Sonne erscheint darin rot und an ihrem Rand zeigen sich oft rötliche Zungen oder Bögen, die man Protuberanzen nennt. Das sind gigantische Gasauswürfe auf der Sonnenoberfläche.

Achtung!

Du darfst niemals direkt in die Sonne blicken, auch nicht mit Sonnenbrille! Nur mit einer speziellen Sonnenfinsternisbrille kannst du die Sonne gefahrlos beobachten. Auf gar keinen Fall darfst du mit einem Fernglas oder einem Teleskop in die Sonne schauen: Du kannst dadurch blind werden!

Sonnenfinsternisbrille

Bei einer totalen Sonnenfinsternis wird die Korona der Sonne sichtbar. Mit einem Fernrohr lassen sich dann an ihrem Rand auch rötliche Protuberanzen beobachten.

Etwas ganz Besonderes ist die Beobachtung einer totalen Sonnenfinsternis. Dann deckt der Mond die helle Sonnenscheibe ab, und um ihn herum erscheint ein leuchtender Strahlenkranz: die sogenannte Sonnenkorona.

Tatsache! Die Sonne

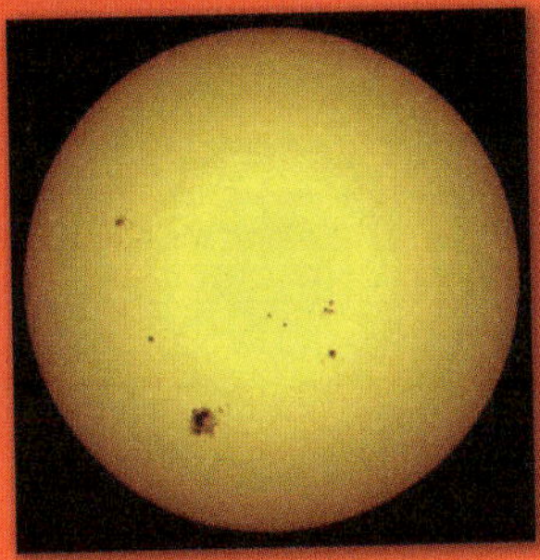

Name: — **Sonne**

Durchmesser: — 109-mal so groß wie die Erde

Reisezeit mit Flugzeug: — 17 Jahre

Besonderheit: — Sonne und Mond erscheinen am Himmel gleich groß. Daher kann der Mond die Sonne bei einer Sonnenfinsternis völlig abdecken. Eine totale Sonnenfinsternis wird es in Deutschland erst wieder im Jahr 2081 geben. Am 20. März 2015 kannst du bei gutem Wetter aber immerhin eine partielle Finsternis beobachten, bei der die Sonne teilweise vom Mond verdeckt wird!

Gesehen und notiert:

Beobachtungstipp

Im Sommer und Winter kannst du gut die unterschiedliche Mittagshöhe der Sonne beobachten. Nimm einen Punkt in der Umgebung, an dessen Höhe du dich orientierst!

Der Mond

Hast du mit deinen Eltern bei Vollmond schon einmal eine Nachtwanderung gemacht? Der runde Mond leuchtet dann die ganze Nacht am Himmel und ist so hell, dass er Schatten wirft. Wenn du dir die Mondscheibe genau betrachtest, kannst du große dunkle Flecken auf ihr erkennen. Sie erscheinen wie ein Gesicht. In Wirklichkeit handelt es sich aber um sogenannte Mondmeere. Sie enthalten kein Wasser, sondern erstarrte dunkle Lava. Vor langer Zeit haben sie sich nach gewaltigen Einschlägen von Meteoriten gebildet.

Der Mond ist übersät mit Kratern. Schon mit einem Fernglas kannst du etliche von ihnen erkennen.

Der Mond ist der einzige Himmelskörper im All, den Menschen bisher betreten haben. Für die Astronauten wurden sogar spezielle Mondautos konstruiert.

Auch zwischen Neumond und Vollmond kannst du den Mond gut beobachten. Er steht dann am Abendhimmel. Kurz nach Neumond taucht er als schmale Sichel auf, dann nimmt er von Tag zu Tag zu. Sehr beeindruckend ist es, den Mond jetzt mit einem Fernglas oder Teleskop zu betrachten. Entlang der Hell-Dunkel-Grenze kannst du Krater und Berge besonders gut sehen, da sie dort lange Schatten werfen.

Der Mond wendet uns übrigens immer dieselbe Seite zu. Seine Rückseite konnte erst von Raumsonden erforscht und fotografiert werden.

Wichtig zu wissen!

Von Vollmond zu Vollmond vergeht rund ein Monat, in dem der Mond einmal die Erde umkreist. Dabei wandert das Licht der Sonne um ihn herum und erzeugt die verschiedenen Mondphasen. Bei Halbmond wird der Mond von der Seite angeleuchtet, bei Vollmond von vorne und bei Neumond von hinten.

Oft kannst du neben der Sichel auch noch den dunklen Mondteil erkennen. Er wird von der Erde erhellt, man nennt diesen Schimmer aschgraues Mondlicht.

Tatsache! Der Mond

Name: – **Mond**

Beste Sichtbarkeit: – bei zunehmendem Mond oder Vollmond am Abendhimmel

Durchmesser: – etwa ein Drittel der Erde

Reisezeit mit Flugzeug: – 16 Tage

Besonderheit: – Bei einer totalen Mondfinsternis wandert der Mond durch den Schatten der Erde. Die Erde steht dann genau zwischen Sonne und Mond. Der Mond wird aber nicht völlig abgedunkelt, sondern erscheint in rötlichem Licht. Nächste totale Mondfinsternis: 28. September 2015.

Gesehen und notiert:

Beobachtungstipp

Die Wanderung des Mondes um die Erde kannst du leicht verfolgen: Merke dir seine Position am Himmel zu einer bestimmten Uhrzeit und schau am folgenden Abend noch einmal nach. Der Mond steht dann ein ganzes Stück mehr Richtung Osten.

Der Merkur

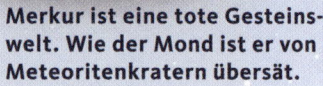

Merkur ist der innerste Planet des Sonnensystems und steht immer nahe bei der Sonne. Meist wird er von ihrem Licht überstrahlt. Nur wenn er sich weit genug entfernt, ist er für ein paar Tage in der Abend- oder Morgendämmerung zu erkennen. Er ist aber auch dann nicht einfach zu finden. Niemals steht er nachts am Himmel.

Mach mit!

Merkur ist nur an wenigen Tagen im Jahr zu beobachten. Meist hast du dann maximal eine Stunde Zeit, ihn nach Sonnenuntergang am Westhimmel oder vor Sonnenaufgang im Osten aufzuspüren. Wann er sichtbar ist, kannst du in einem astronomischen Jahrbuch nachschlagen.

Merkur ist eine tote Gesteinswelt. Wie der Mond ist er von Meteoritenkratern übersät.

Merkur ist der kleinste Planet im Sonnensystem. Er bewegt sich besonders schnell am Himmel. Die alten Römer haben ihm daher den Namen ihres flinken Götterboten Merkur gegeben, der in geflügelten Schuhen umhereilte. Auf Merkurs Oberfläche ist es sehr ungemütlich: Tagsüber ist es mit über 400 Grad Celsius glühend heiß, während die Temperaturen nachts unter bitterkalte −180 Grad Celsius sinken.

Selbst durch ein Fernrohr lassen sich auf seiner Oberfläche keine Einzelheiten ausmachen. Bei genauem Hinschauen lässt sich dann aber erkennen, dass der Planet oft aussieht wie ein winziger Halbmond. Der Grund dafür ist derselbe wie beim Mond: Die Sonne leuchtet ihn dann von der Seite an.

Der Mond mit Merkur (links) in der Abenddämmerung

Tatsache!

Der Merkur

Name: — **Merkur**
Zu entdecken: — schwer
Beste Sichtbarkeit: — einige Tage im Frühjahr in der Abenddämmerung
Durchmesser: — weniger als halb so groß wie die Erde
Umlaufzeit um die Sonne: — 3 Monate
Reisezeit mit Flugzeug: — 9 Jahre
Besonderheit: — Merkurtransit : Merkur zieht auf seiner Bahn als schwarzes Pünktchen genau vor der Sonne vorbei. **Achtung:** Bitte nur in einer Volkssternwarte beobachten! Nächste Merkurtransite: am 9. Mai 2016 und am 11. November 2019.

Gesehen und notiert:

Beobachtungstipp

Am besten versuchst du, Merkur mit einem Fernglas aufzustöbern. Du findest ihn immer knapp über dem Horizont. **Vorsicht:** Beobachte zur Sicherheit nur nach Sonnenuntergang oder vor Sonnenaufgang, damit du nicht versehentlich in die Sonne blickst.

Die Venus

Die Venus steht jedes Jahr mehrere Wochen lang strahlend hell am Himmel. Du kannst sie dann kaum verfehlen. Sie ist der hellste Planet und heller als alle Sterne. Wie Merkur entfernt sie sich nie weit von der Sonne. Daher ist sie nur abends im Westen oder morgens im Osten zu sehen, niemals mitten in der Nacht. Sie steht aber deutlich länger am Himmel als Merkur. Weil sie so auffällig ist, wird sie auch Abend- oder Morgenstern genannt, obwohl sie gar kein Stern ist!

Die Venus ist unser innerer Nachbarplanet und fast so groß wie die Erde. Obwohl sie den Namen der römischen Liebesgöttin trägt, herrschen auf ihr höllische Bedingungen: Ihre dichte Gashülle würde uns zerquetschen, die Luft ist giftig und die Temperatur ständig heißer als in einem Backofen.

Die Raumsonde Magellan hat die Venusoberfläche per Radar abgetastet und zahlreiche Vulkane und erstarrte Lavaströme gefunden.

Der Blick auf ihre Oberfläche ist versperrt durch eine undurchdringliche Wolkenschicht. Mit Raumsonden konnten die Astronomen aber herausfinden, dass es auf der Venus Vulkane, hügelige Ebenen und große Hochlandgebiete gibt.

Die Venus erscheint wegen ihrer Wolkendecke blendend weiß. Von ihrer Oberfläche lässt sich auch mit einem Teleskop nichts erkennen.

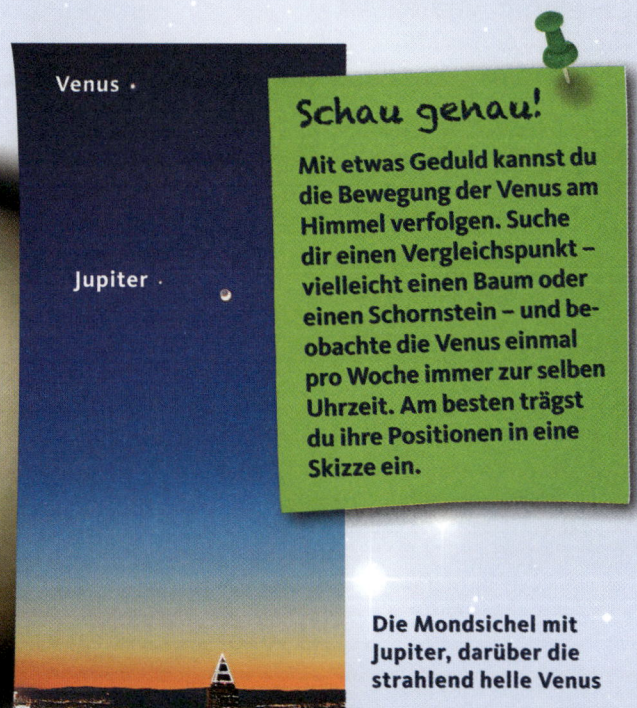

Die Mondsichel mit Jupiter, darüber die strahlend helle Venus

Schau genau!

Mit etwas Geduld kannst du die Bewegung der Venus am Himmel verfolgen. Suche dir einen Vergleichspunkt – vielleicht einen Baum oder einen Schornstein – und beobachte die Venus einmal pro Woche immer zur selben Uhrzeit. Am besten trägst du ihre Positionen in eine Skizze ein.

Tatsache! Die Venus

Name: — **Venus**
Zu entdecken: — einfach
Beste Sichtbarkeit: — im Frühjahr am Abendhimmel
Durchmesser: — fast so groß wie die Erde
Umlaufzeit um die Sonne: — 7,5 Monate
Reisezeit mit Flugzeug: — 4,5 Jahre
Besonderheit: — Besuche eine Volkssternwarte, wenn die Venus lange am Abendhimmel steht. Durch ein Teleskop kannst du sehen, dass auch die Venus nicht völlig rund erscheint, manchmal eher wie ein kleiner Halbmond oder sogar wie eine Mondsichel.

Gesehen und notiert:

Beobachtungstipp

Besonders eindrucksvoll ist es, wenn die schmale Mondsichel mit der Venus am Abendhimmel steht. Schau im Kalender nach, wann Neumond ist, und halte in der darauf folgenden Woche Ausschau nach den beiden. Vielleicht gelingt dir sogar ein Foto!

Der Mars

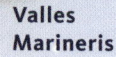

Der Riesenvulkan Olympus Mons und das gewaltige Grabensystem Valles Marineris. Die weißen Flecken sind Eiswolken.

Mars ist unser äußerer Nachbarplanet. Er leuchtet in einem rötlichen Licht, deswegen nennt man ihn auch den Roten Planeten. Weil seine Farbe ein wenig an Blut erinnert, ist er nach dem römischen Kriegsgott benannt.

Etwa alle zwei Jahre steht Mars für etliche Wochen gut sichtbar am Abendhimmel. Seine Helligkeit ist jedoch unterschiedlich: Kommt er der Erde besonders nahe, leuchtet er extrem hell, bei größerer Entfernung fällt er nicht so stark auf.

Saturn und der rötliche Mars (rechts)

Mars ist nur gut halb so groß wie die Erde. Seine kalte, trockene Oberfläche ist mit rötlichem Staub bedeckt. Raumsonden konnten beobachten, dass es dort Krater, riesige Vulkane und einen großen Riss, das 4 000 Kilometer lange Grabensystem Valles Marineris gibt. Der höchste Vulkan, Olympus Mons, ragt 26 Kilometer über die Oberfläche. Damit ist er der höchste Berg im ganzen Sonnensystem.

Der Marsrover Curiosity ist seit August 2012 in einem kleinen Gebiet auf dem Mars unterwegs. Er kann in seinem Minilabor auch testen, ob es dort vielleicht früher Bedingungen für Leben gegeben haben könnte.

Wichtig zu wissen!

Schon vor über hundert Jahren fragten sich die Menschen, ob es auf dem Mars wohl Leben gibt. Frühere Forscher behaupteten, mit ihren Fernrohren Wasserkanäle gesehen zu haben. Inzwischen weiß man aber, dass es keine Kanäle und auch keine Marsmännchen gibt. Es könnten höchstens winzig kleine Lebewesen unter der Marsoberfläche existieren.

Tatsache!

Der Mars

Name:	**Mars**
Zu entdecken:	mittelschwer bis leicht
Beste Sichtbarkeit:	etwa alle zwei Jahre mehrere Wochen lang am Abendhimmel
Durchmesser:	gut halb so groß wie die Erde
Umlaufzeit um die Sonne:	knapp 2 Jahre
Reisezeit mit Flugzeug:	6 Jahre
Besonderheit:	Die Änderung seiner Position am Himmel kannst du gut beobachten. Suche dir einen helleren Stern als Bezugspunkt aus und verfolge seine Bewegung über mehrere Wochen. Am besten zeichnest du sie auf.

Gesehen und notiert:

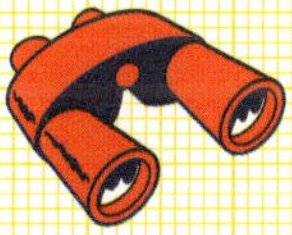

Beobachtungstipp

Kannst du die rötliche Färbung des Mars erkennen? Mit einem Fernglas siehst du sie noch besser. Vergleiche Mars einmal mit seinen Nachbarsternen. Durch ein Teleskop kann man auf Mars immerhin dunklere Gebiete und eine weiße Eiskappe am Pol unterscheiden.

Der Jupiter

Auf Jupiters Oberfläche gibt es weiße und braune Wolkenbänder sowie einen rötlichen Wirbel, den sogenannten Großen Roten Fleck.

Jupiter ist der größte Planet in unserem Sonnensystem. Deswegen trägt er auch den Namen des römischen Göttervaters. Jedes Jahr steht er viele Wochen lang als leuchtender Punkt am Abendhimmel.

Er ist dann so hell, dass du ihn kaum übersehen kannst. Nach der Venus ist er der zweithellste Planet und heller als alle Sterne. Der riesige Planet ist elfmal so groß wie die Erde und doppelt so schwer wie alle anderen Planeten zusammen. Dabei besteht er fast nur aus Gas!

Mit einem Fernrohr kann man auf Jupiter dunkle Wolkenstreifen erkennen. Da er sich rasend schnell um sich selber dreht, sind die Wolken streifenförmig über den ganzen Planeten auseinandergezogen. Für eine Umdrehung braucht er nur knapp zehn Stunden. Die Erde benötigt dafür ganze 24 Stunden, obwohl sie viel kleiner ist!

Übrigens besitzt nicht nur die Erde einen Mond. Jupiter wird sogar von über 60 Monden und Möndchen umkreist. Die vier größten und hellsten wurden schon 1610 von dem berühmten Naturforscher Galileo Galilei beobachtet.

Wichtig zu wissen!

Der Große Rote Fleck ist ein gewaltiger Wirbelsturm. Das Sturmgebiet ist so riesig, dass unsere Erde zweimal hineinpassen würde. Die Astronomen beobachten den Sturm schon seit Jahrhunderten! Mit einem großen Fernrohr kann man ihn erkennen, einfach ist es aber nicht.

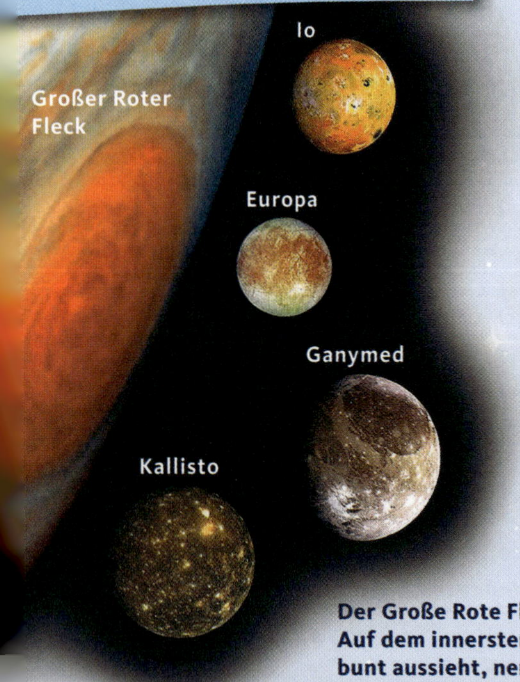

Der Große Rote Fleck und die vier größten Jupitermonde. Auf dem innersten Mond Io gibt es viele Vulkane. Weil er so bunt aussieht, nennt man ihn auch scherzhaft Pizza-Mond.

Tatsache!

Der Jupiter

Name:	**Jupiter**
Zu entdecken:	einfach
Beste Sichtbarkeit:	einmal im Jahr viele Wochen lang am Abendhimmel
Durchmesser:	11-mal so groß wie die Erde
Umlaufzeit um die Sonne:	12 Jahre
Reisezeit mit Flugzeug:	67 Jahre
Auffällig helle Monde:	Io, Europa, Ganymed, Kallisto
Besonderheit:	Jupiter wandert langsamer über den Himmel als Mars, da er von uns viel weiter weg ist. Im Laufe von Monaten kannst du aber auch bei ihm eine Positionsänderung feststellen, in einem Jahr durchwandert er etwa ein Tierkreissternbild.

Gesehen und notiert:

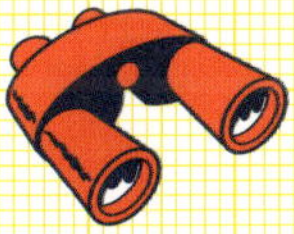

Beobachtungstipp

Im Fernglas kannst du die vier hellsten Monde als Pünktchen links und rechts von Jupiter aufgereiht sehen. Stütze die Arme auf, damit das Bild nicht so zittert! Beobachte sie am nächsten Tag noch einmal. Dann haben sie schon ihre Positionen verändert.

Der Saturn

Wichtig zu wissen!

Die Wanderungen der Planeten am Himmel sind übrigens nicht nur auf ihre eigene Bewegung zurückzuführen. Auch die Erde bewegt sich in dieser Zeit. So kommt es, dass einige Planeten von uns aus gesehen ab und zu scheinbar stillstehen oder sogar rückwärtslaufen.

Saturn ist der schönste Planet. Er ist umgeben von einem Ring, den du allerdings nur mit einem Fernrohr sehen kannst. Wenn Saturn am Abendhimmel steht, solltest du daher unbedingt einmal eine Volkssternwarte besuchen. Saturn ist nicht so hell wie Jupiter, er wirkt eher wie ein Stern am Himmel. Wenn du die Tierkreissternbilder schon gut kennst, kannst du ihn leicht als „Störenfried“ ausmachen: Er ist ein Lichtpunkt, der dort eigentlich nicht hingehört.

Saturn ist der zweitgrößte Planet und ebenfalls ein großer Gasball. Er ist der fernste Planet, den du mit bloßem Auge noch gut sehen kannst. Die noch weiter entfernten Gasplaneten Uranus und Neptun sind ohne Fernglas oder Fernrohr nicht zu beobachten.

Auch Saturn ist umgeben von Monden, es sind über 60 Stück. Der hellste unter ihnen ist Titan. Er ist der einzige Mond im Sonnensystem, der eine dichte Gashülle besitzt. Obwohl es auf Titan sehr kalt ist, hat er Ähnlichkeiten mit der Erde. Daher suchen die Forscher auch dort nach Spuren von Leben.

Auf dieser Nahaufnahme der Raumsonde Cassini erkennt man, dass sich der Saturnring aus vielen Einzelringen zusammensetzt.

Wichtig zu wissen!

Der Saturnring besteht aus vielen Millionen Eis- und Felsbrocken, die den Planeten umkreisen. Manche sind winzig klein, andere so groß wie ein Haus. Möglicherweise stammen die Brocken von einem Mond, der in viele Teile zerbrochen ist. Von der Seite betrachtet, ist der Ring übrigens hauchdünn: Er ist nicht einmal einen Kilometer dick.

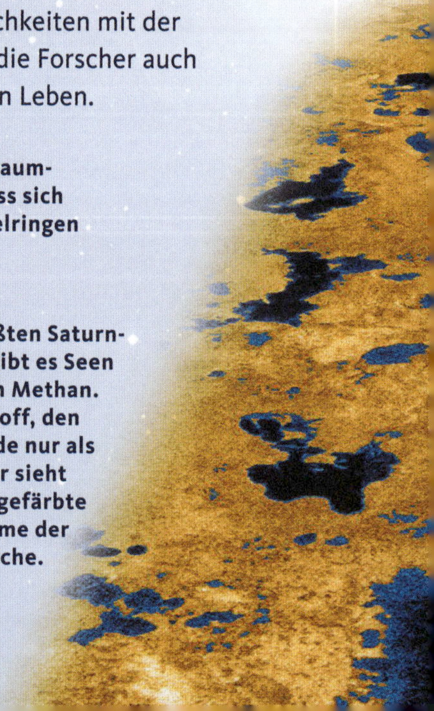

Auf dem größten Saturnmond Titan gibt es Seen aus flüssigem Methan. Das ist ein Stoff, den es auf der Erde nur als Gas gibt. Hier sieht man eine eingefärbte Radaraufnahme der Mondoberfläche.

Tatsache!

Der Saturn

Name:	**Saturn**
Zu entdecken:	mittelschwer
Beste Sichtbarkeit:	einmal im Jahr einige Wochen lang am Abendhimmel
Durchmesser:	9-mal so groß wie die Erde
Umlaufzeit um die Sonne:	30 Jahre
Reisezeit mit Flugzeug:	136 Jahre
Auffallend heller Mond:	Titan
Besonderheit:	Saturn bewegt sich noch langsamer als Jupiter. Du kannst ihn im folgenden Jahr oft noch im selben Tierkreissternbild finden wie im Jahr zuvor.

Gesehen und notiert:

Beobachtungstipp

Vergleiche Saturn einmal mit den Sternen. Siehst du, dass er weniger funkelt? Die Planeten stehen uns viel näher als die Sterne, daher erscheinen sie am Himmel als kleine Scheibchen. Das lässt sie ruhiger leuchten als die winzigen Sternpünktchen.

Kometen, Sternschnuppen und Meteoriten

Ein heller Komet mit einem leuchtenden Schweif ist ein seltener Gast am Himmel. Früher hielten die Menschen Kometen für Unglücksboten, da sie recht plötzlich auftauchen. Eigentlich sind sie aber harmlos: Es sind schmutzige Eisbrocken aus den fernen Tiefen des Sonnensystems. Wenn sich ein Komet der Sonne nähert, verdampft sein Eis und reißt dabei Unmengen an Staub mit sich. Es bildet sich ein Kometenschweif aus, der viele Millionen Kilometer lang werden kann.

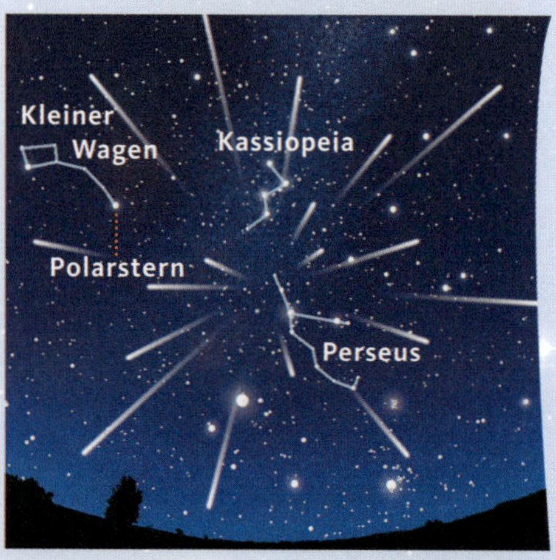

Die August-Sternschnuppen scheinen alle aus dem Sternbild Perseus zu kommen. Daher nennt man sie Perseiden (gesprochen: Perseiden).

Der helle Komet Hale-Bopp stand im Frühjahr 1997 viele Wochen am Himmel. Der gelbliche Schweif besteht aus Staub, der bläuliche aus Gas.

Viel häufiger als Kometen kannst du Sternschnuppen beobachten. Immer mal wieder blitzt plötzlich eine am Himmel auf. Winzige Staubkörner, Metall- oder Gesteinskörperchen aus dem All rasen mit großer Geschwindigkeit durch die Lufthülle der Erde, verdampfen dabei und lassen die Luft kurz aufleuchten.

Mach mit!

Jedes Jahr um den 12. August kannst du besonders viele Sternschnuppen beobachten. Dann kreuzt die Erde auf ihrer Bahn um die Sonne nämlich die staubigen Hinterlassenschaften eines alten Kometen. Man bezeichnet das als Sternschnuppenstrom. Zähle doch mal, wie viele Leuchtspuren du dann in einer Stunde siehst.

Ab und zu wird die Erde aber auch von größeren Brocken getroffen. Wenn ein solcher Klotz den Sturz durch die Lufthülle übersteht, ohne vollständig zu verglühen, spricht man von einem Meteoriten. Solche Einschläge können sehr gefährlich werden. Man vermutet, dass vor Jahrmillionen die Dinosaurier und viele andere Tierarten ausgelöscht wurden, weil sich durch den Einschlag eines riesigen Meteoriten das Klima auf der Erde änderte.

Bruchstück eines Meteoriten, der im April 2002 in der Nähe des berühmten Schlosses Neuschwanstein in Bayern auf die Erde schlug.

Gesehen und notiert:

Beobachtungstipp

Achte beim Sternschnuppenzählen einmal darauf, ob du auch ein paar besonders helle siehst. Ganz helle Sternschnuppen nennt man Feuerkugeln oder Boliden. Manchmal leuchten sie sogar länger nach und wirken farbig.

Satelliten

Unsere Erde wird von unzähligen Satelliten umkreist. Sie dienen der Nachrichtenübertragung, der Telekommunikation, der Erforschung der Erde und vielem anderen mehr. Kurz nach Sonnenuntergang (oder kurz vor Sonnenaufgang) kannst du immer einige von ihnen beobachten. Sie werden dann noch von der Sonne angeleuchtet und ziehen als Lichtpünktchen langsam über den schon dunklen Himmel. Von Flugzeugen kannst du sie dadurch unterscheiden, dass sie sich lautlos bewegen und nicht blinken.

In der Internationalen Raumstation arbeiten in der Regel sechs Astronauten. Da Schwerelosigkeit herrscht, schweben sie durch die Räume.

Besonders hell kann die Internationale Raumstation ISS werden. Sie fliegt in rund 400 Kilometern Höhe von West nach Ost um die Erde. Liegt dein Standort auf ihrer Bahn, kannst du sie ein paar Minuten lang als leuchtenden Punkt über den Himmel ziehen sehen.

Die Internationale Raumstation ISS (International Space Station) kann am Himmel heller werden als jeder Stern. Dann spiegelt sich die Sonne in ihren großen Sonnenkollektoren.

Manchmal ist am Himmel auch eine Art Blitz zu beobachten. Die Ursache ist ein sogenannter Iridium-Satellit. Davon gibt es 66 Stück, sie gehören einer Telefongesellschaft. In ihren Antennen spiegelt sich das Sonnenlicht besonders gut, daher können sie für ein paar Sekunden strahlend hell aufleuchten.

Mach mit!

Wann du die Internationale Raumstation oder einen Iridium-Blitz sehen kannst, erfährst du im Internet. Schau einmal mit deinen Eltern zusammen auf die englischsprachige Seite www.heavens-above.com. Du kannst dort deinen Wohnort eingeben und dir anzeigen lassen, wann welcher Satellit zu sehen ist.

Auf einem länger belichteten Foto erscheint die Internationale Raumstation als helle Spur am Himmel.

Gesehen und notiert:

Beobachtungstipp

Schau in einer Sommernacht einmal ein paar Minuten lang in den Himmel. Siehst du ein paar ruhig wandernde Lichtpünktchen? Wenn sie nicht blinken, sind es Satelliten.

Meine spannendste Beobachtung:

Mein Fund-Protokoll:

Notier hier deine Entdeckungen. Wie viele Himmelskörper aus unserem Sonnensystem hast du schon beobachtet?

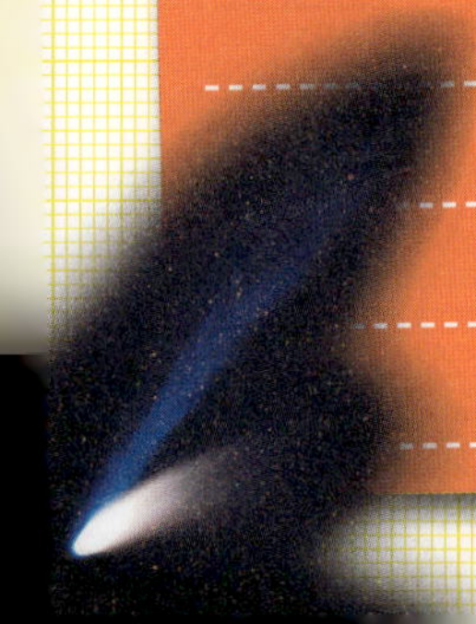

Was mir noch aufgefallen ist:

- Ein Sonnenaufgang dauert nur zwei bis drei Minuten.
- Saturn sieht durch das Fernrohr echt toll aus.

Unbedingt noch herausfinden!

- Wann und wo ist die nächste totale Sonnenfinsternis zu beobachten?
- Wann ist die Internationale Raumstation ISS bei uns am Himmel zu sehen?

Das Weltall

Die Sterne erscheinen uns ruhig und unveränderlich. Der Schein trügt aber, denn am Himmel ist so einiges los. Das meiste spielt sich jedoch in großen Entfernungen und riesigen Zeitspannen ab. In einem Menschenleben bemerken wir daher nicht, dass sich auch die Sterne bewegen und verändern. Sie entstehen und vergehen sogar.

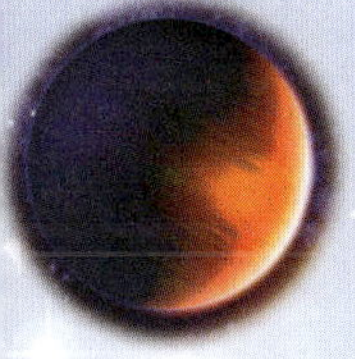

Und noch etwas täuscht: Vielleicht hast du den Eindruck, nun schon viel vom Weltall gesehen zu haben. Aber alle Sterne, Sternhaufen und Gasnebel, die du kennengelernt hast, gehören noch zu unserer Nachbarschaft. Sie sind Bestandteile unserer Heimatgalaxie, der Milchstraße. Außer der Milchstraße gibt es noch Milliarden weitere Galaxien. Unsere Erde ist also nur ein winziges Staubkörnchen im gigantischen Universum.

Die Sterne

Sterne sind leuchtende Gaskugeln. Mit Ausnahme unserer Sonne sind sie allerdings so weit weg, dass sie selbst durch ein Fernrohr nur als Lichtpunkte erscheinen. In Wirklichkeit unterscheiden sie sich aber deutlich in ihren Größen, Helligkeiten und Farben.

Unsere Sonne ist ein recht durchschnittlicher Stern. Es gibt Riesensterne, die über tausendmal größer sind. Besonders leuchtkräftige Exemplare strahlen sogar millionenfach heller. Wie hell ein Stern für uns am Himmel erscheint, hängt aber auch von seiner Entfernung ab. Wenn er weit weg ist, wirkt er schwächer. Die Sonne leuchtet gelb, mit einer Temperatur von rund 5500 Grad Celsius. Heißere Sterne strahlen bläulich, kühlere rötlich.

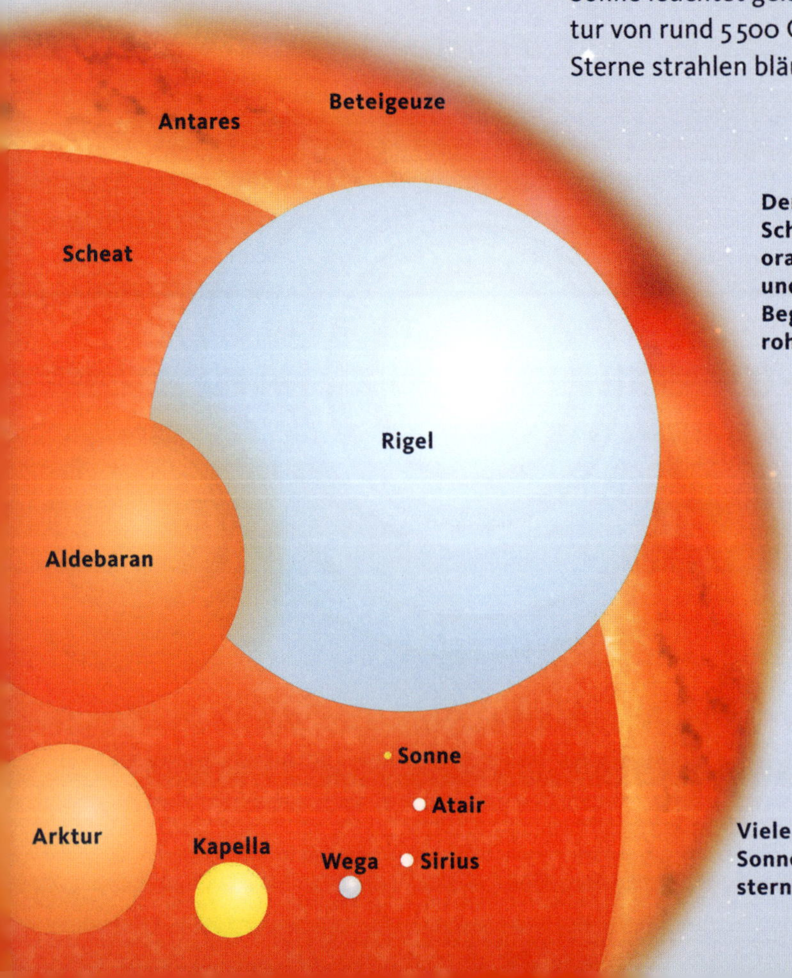

Viele Sterne sind etwa so groß wie die Sonne. Im Vergleich zu einigen Riesensternen ist sie aber winzig klein.

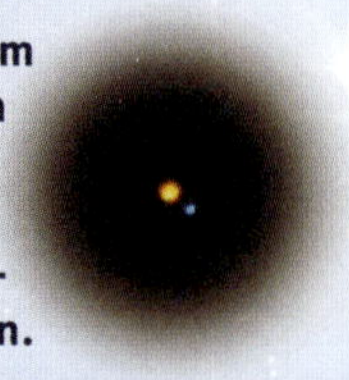

Der Doppelstern Albireo im Schwan besteht aus einem orangeroten Riesenstern und einem bläulichen Begleiter. Mit einem Fernrohr kann man beide sehen.

Viele Sterne haben einen Sternpartner. Sind es echte Doppelsterne, umkreisen sich die beiden. Andere stehen nur zufällig am Himmel nahe zusammen wie Mizar und Alkor im Großen Wagen.

Wichtig zu wissen!

In den letzten Jahrzehnten haben die Astronomen herausgefunden, dass außer der Sonne auch andere Sterne von Planeten umgeben sind. Man nennt sie Exoplaneten. Fast alle sind für unsere Vorstellungen unbewohnbar, nur auf ganz wenigen könnte es Leben in unserem Sinne geben. Nachgewiesen hat man noch keines!

Es gibt auch Sterne, die ihre Helligkeit verändern. Einige blähen sich dabei regelmäßig auf. Bei Doppelsternen kann es sein, dass sich die Sternpartner immer wieder gegenseitig verdecken wie bei Algol im Perseus. Man nennt solche Sterne Veränderliche.

Die meisten bisher gefundenen Exoplaneten sind sogenannte „heiße Jupiter“: riesige Gasplaneten, die ihre Sterne eng umkreisen.

Gesehen und notiert:

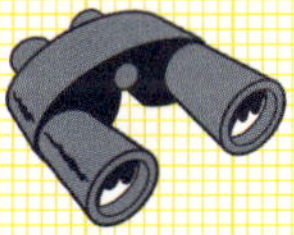

Beobachtungstipp

Besonders große rote Riesensterne sind Beteigeuze im Orion, Antares im Skorpion und Scheat, der rechte obere Eckstern im Pegasus-Quadrat. Du kannst sie leicht beobachten. Mit einem Fernglas siehst du ihre rötliche Farbe noch besser!

Wichtig zu wissen!

„Planetarischer Nebel“ ist eine irreführende Bezeichnung. Die Nebel haben nämlich nichts mit Planeten zu tun. Frühere Beobachter nannten sie so, weil sie durch das Fernrohr oft klein, rund und grünlich erscheinen, ähnlich wie die fernen Planeten unseres Sonnensystems, Uranus und Neptun.

Leuchtende Gasnebel

Leuchtende Gasnebel wirken auf Fotos besonders schön. Dort treten auch ihre prächtigen Farben hervor. Durch ein Fernglas oder Fernrohr sehen sie weniger eindrucksvoll aus. Du kannst damit höchstens ihre Umrisse erkennen.

Die hellsten Gasnebel, wie der Orionnebel zum Beispiel, sind die Geburtsstätten von Sternen. Aus gewaltigen Gas- und Staubwolken bilden sich hier im Laufe von Jahrmillionen ganze Sternhaufen heraus. Die kräftige Strahlung der jungen Sterne bringt das umgebende Gas zum Leuchten.

Nebel werden häufig nach ihrer Form benannt. Hier erinnern die dunklen Staubsäulen in der Mitte an einen Raubvogel, daher heißt dieses Sternennest Adlernebel.

Andere Nebel stellen das genaue Gegenteil dar: Sie sind die Überreste toter Sterne. Dazu zählt auch der Ringnebel in der Leier, ein sogenannter Planetarischer Nebel. Hier hat sich ein alternder Stern zu einem Roten Riesen aufgebläht und seine äußeren Gasschichten ins All geblasen. Unsere Sonne wird in einigen Milliarden Jahren ebenso enden. Schließlich gibt es noch die Überreste gigantischer Explosionen, sogenannter Supernova-Ereignisse. So enden zum Beispiel Sterne, die viel schwerer als die Sonne sind. Ihre Gashüllen werden dabei weit ins All geschleudert.

Der Krebsnebel ist der Überrest einer Supernova. Ihr Aufflammen im Sternbild Stier wurde vor rund tausend Jahren von chinesischen Astronomen beobachtet.

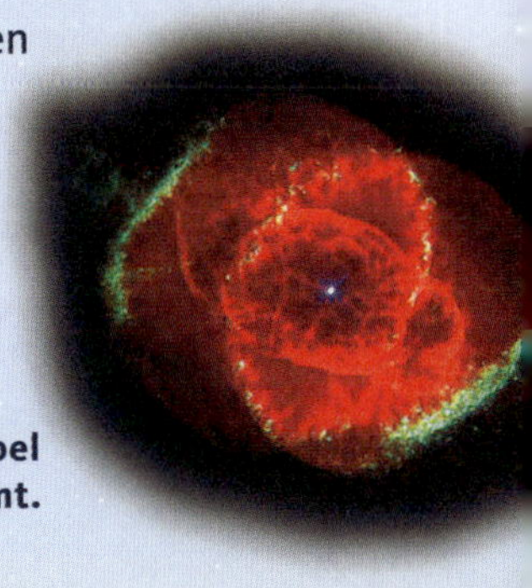

Der Katzenaugennebel ist ein Planetarischer Nebel. Solche Nebel sind oft besonders hübsch geformt.

Gesehen und notiert:

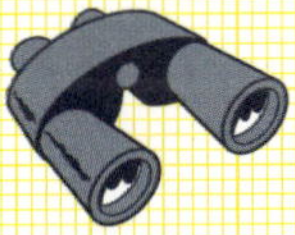

Beobachtungstipp

Vom Baby bis zum Greis, am Winterhimmel ist alles zu sehen: „Sternenbabys" gibt es im Orionnebel. In den Plejaden im Sternbild Stier stehen viele junge Sterne, während der Hauptstern im Stier, der rötlich leuchtende Aldebaran, ein alternder Riesenstern ist.

Sternhaufen

Die funkelnden Plejaden im Sternbild Stier sind besonders hübsch. Wie fast alle Sternhaufen, die du bisher kennengelernt hast, zählen sie zu den Offenen Sternhaufen. Sie haben keine einheitliche Form, und ihre Sterne sind recht locker verteilt. Sie befinden sich alle in der Nähe des Milchstraßenbandes. Bei manchen kannst du schon durchs Fernglas einzelne Sterne erkennen.

M 103 in der Kassiopeia ist ein besonders hübscher Offener Sternhaufen. Drei seiner hellsten Sterne stehen nahezu auf einer Linie.

Eine andere Sorte sind die sogenannten Kugelsternhaufen. Hier drängen sich hunderttausende von Sternen dicht zusammen und bilden eine helle Lichtkugel. Selbst mit einem Fernrohr kann man oft nur am Rand einzelne Sterne auseinanderhalten. Du findest sie auch abseits der Milchstraße. Bisher kennst du erst einen Kugelhaufen: M 2 im Wassermann. Der hellste und schönste, der bei uns sichtbar ist, ist aber M 13 im Sternbild Herkules.

M 36 im Fuhrmann ist ein Offener Sternhaufen. Im Fernrohr zeigt er eine unregelmäßige Form und relativ locker gestreute Sterne.

Wichtig zu wissen!

Bestimmt hast du dich schon gefragt, warum so viele Himmelsobjekte mit einem „M" bezeichnet werden, wie M 13 zum Beispiel. Dies geht auf den französischen Astronomen Charles Messier zurück. Er listete schon vor über 200 Jahren zahlreiche Nebel, Sternhaufen und Galaxien in seinem sogenannten Messier-Katalog auf.

Offene Sternhaufen sind noch recht jung und die Sterne wandern im Lauf von etlichen Hundertmillionen Jahren auseinander. Kugelsternhaufen hingegen sind mit einigen Milliarden Jahren fast so alt wie das ganze Universum. Sie sind auch sehr weit entfernt: Ihr Licht ist über zehntausend Jahre unterwegs, bis es bei uns ankommt.

So sieht ein Kugelsternhaufen aus: M 13 im Herkules. Durch ein kleines Fernrohr gesehen verschmelzen seine vielen Sterne in der Mitte zu einem hellen Lichtfleck.

Gesehen und notiert:

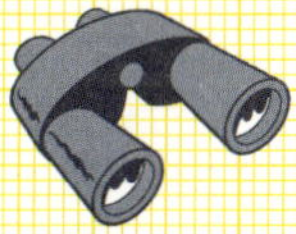

Beobachtungstipp

Den Kugelsternhaufen M 13 kannst du schon mit einem Fernglas wahrnehmen. Er ist aber nicht einfach zu erkennen und wirkt wie ein rundes Nebelfleckchen. Du findest ihn am Sommerhimmel an der rechten Seite des Herkules-Vierecks zwischen Leier und Krone.

Die Milchstraße und andere Galaxien

Das Band der Milchstraße besteht aus tausenden von Sternen. Könntest du dich ganz weit weg beamen und die Milchstraße aus großer Entfernung „von oben" betrachten, sähest du ein riesiges, spiralförmiges Sternsystem vor dir. Leuchtende Arme aus Sternen, Sternhaufen und Gasnebeln winden sich um ein helles Zentrum.

Wichtig zu wissen!

Von der Seite gesehen ist die Milchstraße eine Art Scheibe. Erkennen wir das Band der Milchstraße, dann schauen wir sozusagen in der Ebene der Scheibe ins All. Vor uns liegen Unmengen an Sternen. Blicken wir dagegen aus der Scheibenebene hinaus, dann sind es deutlich weniger Objekte.

Alle Sterne, die wir am Himmel sehen, alle Gasnebel und Sternhaufen gehören dazu. Sie umkreisen in vielen Jahrmillionen seine Mitte. Auch unsere Sonne mit ihren Planeten befindet sich in einem Spiralarm. Die Milchstraße ist unsere Heimatgalaxie.

Mit bloßem Auge kannst du am Himmel nur ein einziges Objekt erkennen, das nicht zur Milchstraße gehört: die Andromeda-Galaxie. Sie ist unsere Nachbargalaxie und ebenfalls ein großes Spiralsystem. Die Astronomen wissen inzwischen, dass es unzählige Galaxien gibt.

Die Milchstraße ist eine Spiralgalaxie mit Milliarden von Sternen. Von einem Rand zum anderen ist das Licht hunderttausend Jahre unterwegs.

Am Himmel wimmelt es von Galaxien. Selbst durch ein Fernrohr erscheinen sie aber höchstens als Nebelflecke. Im Vordergrund steht hier eine Elliptische Galaxie.

Nicht alle haben eine Spiralstruktur. Elliptische Galaxien sehen eher aus wie rundliche Lichtflecke, andere zeigen gar keine besondere Form.

Die meisten Galaxien stehen nicht allein, sondern in Galaxienhaufen. Unsere Milchstraße, die Andromeda-Galaxie und einige kleinere Galaxien bilden zusammen die sogenannte Lokale Gruppe.

Das helle Zentrum der Milchstraße liegt im Sternbild Schütze. Dieses Foto wurde auf der Südhalbkugel der Erde aufgenommen, da der Schütze dort viel höher über den Horizont steigt als bei uns.

Gesehen und notiert:

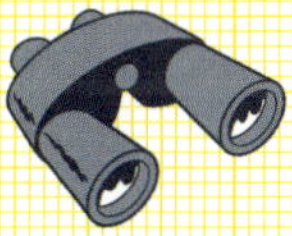

Beobachtungstipp

Am besten beobachtest du die Milchstraße im September. Wähle einen klaren Abend ohne Mondlicht und gewöhne deine Augen erst einige Minuten an die Dunkelheit. Du siehst jetzt in Richtung Zentrum auf den hellsten Teil der Milchstraße.

Meine spannendste Beobachtung:

Mein Fund-Protokoll:

Notier hier deine Entdeckungen. Welche Sterne, Nebel und Sternhaufen hast du schon beobachtet?

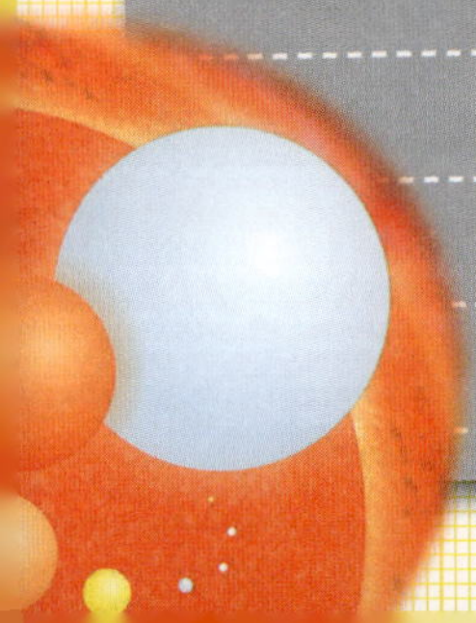

Was mir noch aufgefallen ist:

- Nicht nur Gasnebel, sondern auch Galaxien und einige Sternhaufen wirken durch ein Fernrohr gesehen wie neblige Flecken.

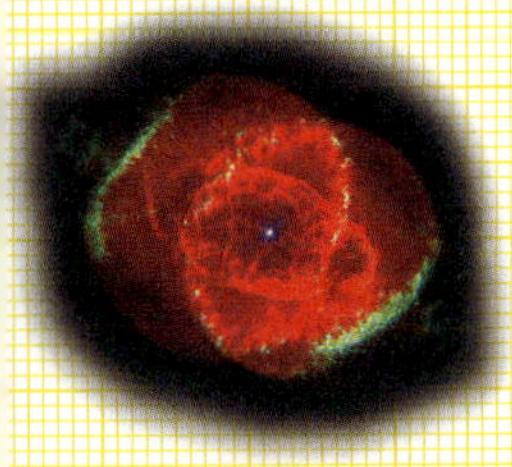

Unbedingt noch herausfinden!

- Wie viele Exoplaneten kennt man inzwischen, die um fremde Sterne kreisen?

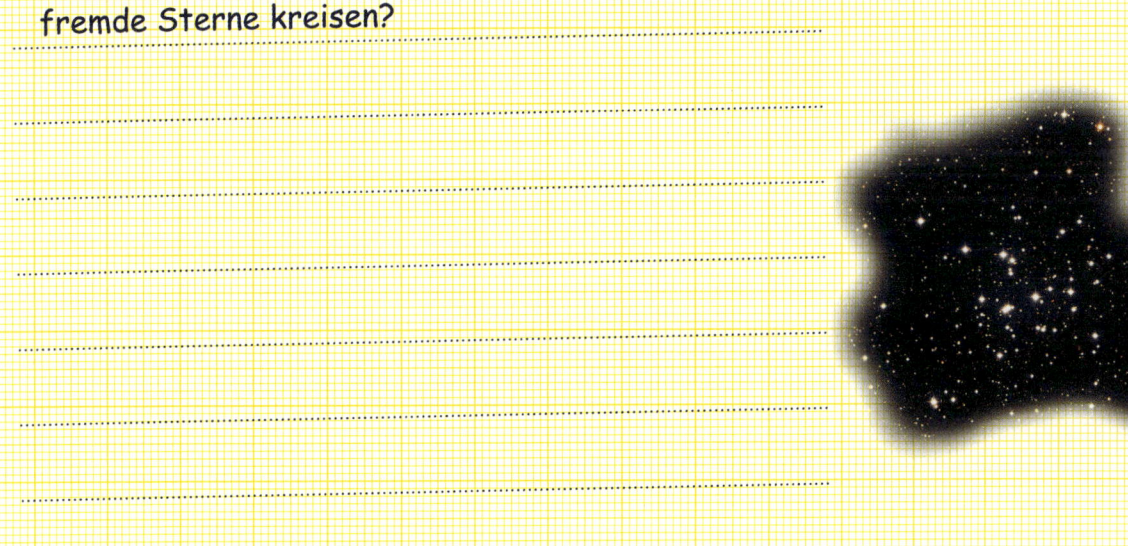

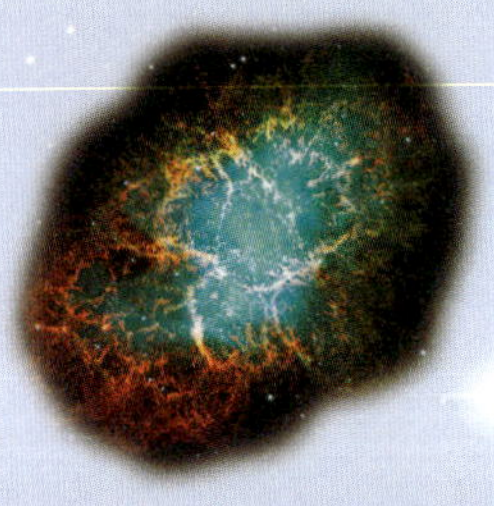

Sterne, Planeten & Co.

N
O
S
W

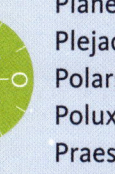

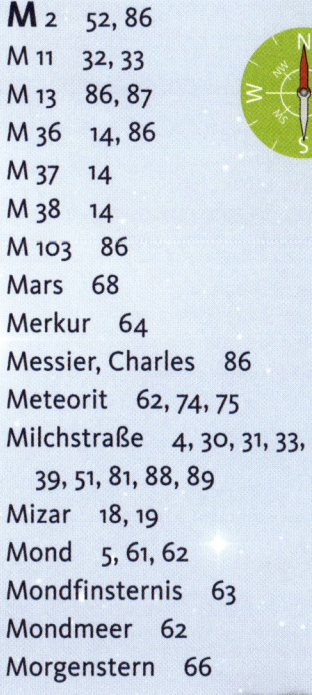

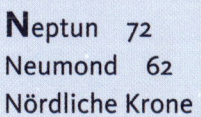

Mit Illustrationen von:
Hermann-Michael Hahn, Köln/Gerhard Weiland, Köln: S. 2 o., 4, 5 o.; Gunther Schulz, Fußgönheim: S. 2 u.r., 3 o., 5 m., 6 o., 9 o., 10, 11, 12 o., 13, 14 u., 15, 16 o., 17, 18, 19, 20 o., 20 m., 21, 22, 23, 24, 25, 26, 27, 28 u., 29, 30 o., 31, 32 m., 32 u., 33, 34 o., 35, 36 o., 36 m., 37, 38, 39, 40, 41, 43, 44 o., 44 u.l., 45, 46 o., 46 u., 47, 48, 49, 50 o., 50 u.r., 51, 52 o., 52 u.l., 53, 54, 55, 56, 57, 58, 74 o., 82 u.l., 90 u.l., 93 o.r., 93 m.l., 94 o.r.; Sigrid Walter, Würzburg: S. 6 u., 9 u., 42.

Mit einem Symbol (Fernglas) von Torsten und Carsten Odenthal, Köln

Mit Farbfotos von:
RonBailey – istockphoto.com: S. 7 m.; ESA/NASA/UCL (G. Tinetti): S. 81 m.l., 83; ESO: S. 80, 81 u., 84, 85 l., 92 o.; ESO/E. Slawik: S. 74 u., 78 u.; ESO/Andy Strappazzon: S. 62 u.l.; Martin Gertz, Sternwarte Welzheim/Planetarium Stuttgart: S. 30 u.; Dieter Heinlein (boli@meteorites.de): S. 75; J. P. Harrington, K. J. Borkowski (University of Maryland), NASA: S. 3 u.r., 85 r., 91 m.l.; Hewholooks/Hunter Wilson, Wikipedia: S. 82 m.r., 91 o.r.; Bernhard Hubl, www.astrophoton.com: S. 20 u.; G. Hüdepohl/ESO, www.atacamaphoto.com: S. 89 r.; Jo Lohmark – shutterstock.com: S. 7 o., 92 m.l.; Hillary Mathis, N. A. Sharp/NOAO/AURA/NSF: S. 86 o.; Andreas Möller/www.high-iso.de: S. 77; NASA: S. 59 m.r., 61, 76 (2); NASA, ESA and AURA/Caltech: S. 44; NASA, ESA and G. Bacon (STScI): S. 16 u.; NASA, ESA, M. Robberto (STScI/ESA) et al.: S. 12 u.; NASA/ESA, SOHO: S. 60 o.; NASA/Johns Hopkins University Applied Physics Laboratory/Carnegie Institution of Washington: S. 64 o., 78 m.l.; NASA and The Hubble Heritage Team (STScI/AURA): S. 28 o.; NASA, ESA und Hubble Heritage (STScI/AURA)-ESA/Hubble Collaboration, Danksagung: M. West (ESO, Chile): S. 81 m.r., 89 l.; NASA/JPL: S. 66 o.; NASA/JPL/University of Arizona: S. 70 o.; NASA/JPL-Caltech: S. 88, 90 o.; NASA/JPL-Caltech/Malin Space Science Systems: S. 68 u.l.; NASA/JPL/DLR: S. 70 u., 78 o.; NASA/JPL/MSSS: S. 3 m.r., 59 u.r., 68 o.; NASA/JPL/Space Science Institute: S. 2 u.r., 59 m.l., 72 l.; NASA/JPL/USGS: S. 72 u.r.; NASA/Image processing by R. Nunes, www.astrosurf.com/nunes: S. 66 u.l.; NASA/Harrison H. Schmitt: S. 62 o., 94 m.o.; NOAO/AURA/NSF: S. 14 o., 46 m., 50 m., 86 u., 91 u.r.; Klaus M. Schittenhelm, Stuttgart: S. 7 u., 94 u.; Bill Schoening, Vanessa Harvey/REU program/NOAO/AURA/NSF: S. 36 u.; Science & Society Picture Library/David Nunuk (mit freundlicher Genehmigung von Dorling Kindersley): S. 8; N. A. Sharp/NOAO/AURA/NSF: S. 34 u.; N. A. Sharp, REU program/NOAO/AURA/NSF: S. 32 o., 81 o., 87; UCAR/NCAR/High Altitude Observatory: S. 60 u.r., Mario Weigand, www.skytrip.de: S. 59 o., 62 u.r., 63, 64 u., 65, 66 u.r., 67, 68 m., 69, 71, 73, 79, 92 m.r., 92 u.r., 93 u., 94 l.; Doug Williams, REU Program/NOAO/AURA/NSF: S. 52 u.r.

Umschlaggestaltung von Init GmbH, Bielefeld unter Verwendung eines Fotos von Adriana Varela Photography/gettyimages.de und Illustrationen von Gunther Schulz, Fußgönheim (Himmel, Sternbild).

Kindersternkarte zum Buch
Konzeption: Hermann-Michael Hahn, Köln/Justina Engelmann, Stuttgart
Grafik: Gerhard Weiland, Köln

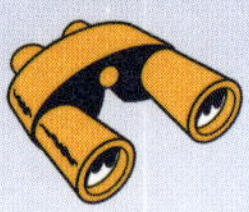

Unser gesamtes lieferbares Programm und viele weitere Informationen zu unseren Büchern, Spielen, Experimentierkästen, DVDs, Autoren und Aktivitäten findest du unter **kosmos.de**

Haftungsausschluss:
Alle Angaben in diesem Buch erfolgen nach bestem Wissen und Gewissen. Sorgfalt bei der Umsetzung ist indes dennoch geboten. Der Verlag und der Autor übernehmen keinerlei Haftung für Personen-, Sach- oder Vermögensschäden, die aus der Anwendung der vorgestellten Materialien und Methoden entstehen können.

FSC www.fsc.org MIX Papier aus verantwortungsvollen Quellen FSC® C020056

Gedruckt auf FSC®-Papier mit Ausnahme des Stickerbogens und der drehbaren Sternkarte.

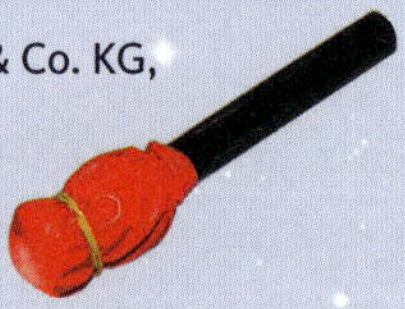

ISBN: 978-3-440-13593-8
Redaktion: Dr. Heike Herrmann
Gestaltungskonzept: Britta Petermeyer
Satz: Walter Typografie & Grafik GmbH
Produktion: Verena Schmynec
Printed in China / Imprimé en Chine

Spannende Reisen in die Natu

Thorsten und Susanne Dambeck
Mein erstes Welcher Stern ist das?
€/D 7,99

Kennst du die Sterne am Nachthimmel? Hast du schon mal eine Forscher-Rakete selbst gebaut? Dieser Naturführer stellt dir die wichtigsten Sternbilder vor. Zusätzlich erfährst du alles Wissenswerte rund um Planeten, Sonnensysteme, Galaxien und Raumfahrt.

Je 96 Seiten, zahlreiche Abbildungen
Je €/D 7,95

Mein erstes ...
Spiel- und Rätselhefte
Je 32 Seiten, farbig bebildert, €/D 5,95

Buchstabensuchsel, Quizfragen, Bilderrätsel, spannende Kriminalgeschichten und Ausmalseiten – alles für das große Rätselraten rund um die interessanten Themen!

...ir neugierige Forscher und kleine Entdecker

Ilka Sokolowski
Mein erstes Mit Lupe und Fernglas unterwegs
96 S., ca. 200 Abb., €/D 12,95

Die Natur hat viele Geheimnisse. Hast du dir schon mal einen Grashüpfer aus der Nähe angeschaut? Es gibt so vieles zu entdecken, wenn du mit Lupe oder Fernglas unterwegs bist. 50 Tiere und Pflanzen werden dir hier vorgestellt. Wo du sie findest, wie du sie am besten beobachten kannst und was du alles über sie wissen musst – bei deiner Erlebnistour in der Natur bleibt keine Frage offen.

Anita van Saan
Mein erstes Unterwegs auf Spurensuche
96 S., ca. 300 Abb., €/D 12,99

Einen Dachs bei der Futtersuche, eine Rosengallwespe beim Schlüpfen oder eine Weinbergschnecke bei der Eiablage beobachten? Mit den richtigen Tipps und Tricks kannst du diese und viele andere Entdeckungen machen. Mit diesem Buch bist du für Expeditionen in die Natur bestens ausgerüstet und wirst ganz schnell zum perfekten Fährtenleser!